Krüger | Jainismus

Reclam Sachbuch premium

Patrick Felix Krüger
Jainismus
Eine indische Religion der Gewaltlosigkeit

Reclam

RECLAMS UNIVERSAL-BIBLIOTHEK Nr. 14314
2022 Philipp Reclam jun. Verlag GmbH,
Siemensstraße 32, 71254 Ditzingen
Gestaltung: Cornelia Feyll, Friedrich Forssman
Umschlagabbildung: Siddhacakra, Indien, Rajasthan, 2. Hälfte 18. Jh.,
Malerei auf Papier, Kupferschale und Glas, Museum Rietberg,
Geschenk Eberhard und Barbara Fischer, Inv.-Nr. RVI 916 –

Druck und Bindung: EsserDruck Solutions GmbH,
Untere Sonnenstraße 5, 84030 Ergolding
Printed in Germany 2022

ISBN 978-3-15-014314-8

Auch als E-Book erhältlich

www.reclam.de

Das Buch entstand am Centrum für Religionswissenschaftliche Studien (CERES) der Ruhr-Universität Bochum im Rahmen des Forschungsprojekts »Jaina Gemeinden in Europa zwischen innerer Selbstversicherung und strategischer Selbstdarstellung«, das durch den Exzellenzcluster »Religion und Politik. Dynamiken von Tradition und Innovation« der Universität Münster gefördert wurde.

Inhalt

Prolog

Im Sommer des Jahres 1893 begab sich ein indischer Rechtsanwalt auf die lange Reise von Mumbai nach Amerika. Sein Name war Virachand Gandhi und er reiste in einer außergewöhnlichen Mission. Im Hafen von Bombay, dem heutigen Mumbai, bestieg er ein Segelschiff und erreichte nach mehreren Wochen die Ostküste der Vereinigten Staaten. Von dort reiste er weiter nach Chicago, um als Delegierter am Parlament der Weltreligionen teilzunehmen, das im Rahmen der Weltausstellung in jenem Jahr erstmals zusammentrat. Gandhi, der einige Jahre zuvor zum Sekretär der Jain Association of India ernannt worden war, würde auf dieser außergewöhnlichen Veranstaltung die Lehren seiner eigenen Religion vorstellen und damit erstmals den Jainismus einem westlichen Publikum präsentieren.

Der junge Anwalt reiste nicht allein. Er begleitete den Gelehrten Vivekananda, der als Vertreter des Hinduismus an der Veranstaltung teilnahm. Die beiden Inder erregten in ihrer fremdländischen Kleidung und mit ihren Turbanen schnell die Aufmerksamkeit der amerikanischen Öffentlichkeit. Am Eröffnungstag des Parlaments der Weltreligionen hielt Gandhi eine vielbeachtete Rede und beeindruckte das Publikum durch umfassendes Wissen und rhetorische Begabung. Bis zu diesem Zeitpunkt war der Jainismus in Europa und Nordamerika praktisch unbekannt. Nur wenige Wissenschaftler:innen hatten sich mit den Jahrhunderte alten jainistischen Schriften beschäftigt, vermuteten dahinter jedoch zunächst eine durch Irrlehre (Häresie) bewirkte Abspaltung des Buddhismus. Für Vivekananda und die meisten seiner Zeitgenossen gehörte der Jainismus hingegen zu den hinduistischen Religionen.

Nur wenige Jahre vor der Zusammenkunft in Chicago hatte der Indologe Hermann Jacobi als erster die Vermutung geäußert, es könne sich beim Jainismus um eine eigenständige

Religion handeln. Seitdem hatten die Indologen, die sich mit der Erforschung der indischen Sprachen und Kulturen befassten, Interesse an der unbekannten Religion gefunden. Nur wenige unter ihnen hatten die Gelegenheit, selbst nach Indien zu reisen und dort Vertreter des Jainismus zu treffen. Zu ihnen gehörte der Theologe und Altertumsforscher Rudolph Hoernlé, der 1865 als Missionar nach Indien ging und sich dort neben seinen kirchlichen Aufgaben der Erforschung des alten Indien widmete. Neben archäologischen Studien beschäftigte er sich mit der Übersetzung alter Handschriften und kam auf diese Weise auch in Berührung mit jainistischen Manuskripten. Unterstützung erhielt er dabei von dem gelehrten jainistischen Mönch Shrimad Vijaya Anand Suri und veröffentlichte 1888/90 mit der Übersetzung des Werkes *Uvāsagadasāo* einen wichtigen Text des jainistischen Kanons.

Shrimad Vijaya Anand Suri, besser bekannt als Atma Ramji, wurde wenig später zur Teilnahme am Parlament der Weltreligionen eingeladen, durfte als jainistischer Mönch jedoch nicht reisen. Stattdessen entsandte die in Mumbai ansässige Jain Association of India ihren Sekretär Virachand Gandhi, um an seiner Stelle den Jainismus der Weltöffentlichkeit bekanntzumachen und die Interessen der Jainas vorzubringen.

Sechs Monate lang hatte sich Gandhi auf diese Aufgabe vorbereitet und war von Atma Ramji gründlich unterwiesen worden. Sein Vortrag in Chicago wurde mit solcher Begeisterung vom Publikum aufgenommen, dass er im Anschluss an die Veranstaltung eine zweijährige Reise durch die Vereinigten Staaten unternahm und in zahlreichen Städten Vorträge über die Grundlagen des Jainismus hielt. Ein Jahrhundert später erlangten jene Orte, die er besuchte und in denen sich Jahrzehnte später jainistische Einwanderer ansiedelten, eine besondere Bedeutung für deren Gemeinden. Gandhi gilt ihnen als wichtiger Wegbereiter des Jainismus im Westen.

In der mit Sprachen und Kulturen befassten Indologie und in der Religionswissenschaft war der Jainismus bereits seit einigen Jahrzehnten mehr und mehr zum Forschungsgegenstand geworden. Doch während sich der Buddhismus ebenso wie einige hinduistische Traditionen seit Anfang des 19. Jh. zunehmend auch in westlichen Bildungskreisen verbreiteten und das Interesse an der »östlichen Geistigkeit« zunahm, blieb der Jainismus weitgehend unbekannt.

Gandhi unternahm in den folgenden Jahren weitere Reisen und besuchte dabei auch Deutschland. Für einen kurzen Moment erlangte der Jainismus in den westlichen Gesellschaften auch abseits der Indologie und der Religionswissenschaft Bekanntheit. Sogar einige Bücher über den Jainismus erschienen zwischen 1925 und 1930 in deutscher Sprache, doch dann geriet die Religion recht schnell wieder in Vergessenheit. Weder die wachsenden Diasporagemeinden noch einzelne berühmte Angehörige des Jainismus wie etwa Anshu Jain, der von 2012 bis 2015 als Co-Vorstandsvorsitzender der Deutschen Bank für kurze Zeit im Lichte der deutschen Öffentlichkeit stand, konnte das Interesse wieder anfachen. Die vorliegende Publikation ist als ein Beitrag gedacht, zweierlei bekannt zu machen: den Jainismus als eine der wichtigen indischen Religionen und die Erforschung der jainistischen Geschichte und Kultur, die während der letzten Jahre wieder zugenommen hat. Viele Fragen, die von den Jainas bereits vor Jahrhunderten aufgeworfen wurden, z. B. der Umgang mit Gewalt in der Welt, bewegen uns auch heute. Daher ist die Beschäftigung mit dieser Religion auch für westliche Leser:innen relevant und gewinnbringend. Die wichtigsten Begriffe des Jainismus werden im Glossar am Ende des Buches erklärt.

Die Jainas bilden heute eine religiöse Minderheit: Nur etwa 4,5 Millionen Menschen bekennen sich zum Jainismus, die meisten von ihnen leben im westlichen und südwestlichen Indien. Überdurchschnittlich viele Angehörige dieser zahlenmäßig kleinen Religionsgemeinschaft nehmen jedoch einflussreiche Positionen in der indischen und internationalen Wirtschaft ein. Anders als der Buddhismus, der sich über weite Teile Asiens ausbreitete, blieb der Jainismus lange Zeit auf den indischen Subkontinent beschränkt. Jainistische Diasporagemeinden entwickelten sich erst seit dem frühen 20. Jh. zunächst in Afrika, wenig später auch in Europa und Nordamerika. Heute leben die meisten europäischen Jainas in Großbritannien und Belgien, kleinere Gemeinden gibt es zudem in der Schweiz und in Irland. In Deutschland sind hingegen nur wenige hundert Jainas ansässig, es bestehen daher keinerlei Gemeindestrukturen.

Lange Zeit war der Jainismus also eine rein indische Religion. Erst der politische Wandel im 20. Jh. und die Globalisierung des Wirtschafts- und Finanzwesens im 21. Jh. machten den Jainismus auch im Westen sichtbarer, sei es durch die Präsenz einzelner Jainas in zentralen Führungspositionen internationaler Konzerne oder die Migration vieler Jainas in die westliche Welt. Beide Faktoren verstärken den jainistischen Anspruch, innerhalb der Religionen der Welt als eigenständige religiöse Minderheit wahrgenommen zu werden.

Die Verbreitung des Jainismus vor allem unter jenen Familien, die durch Fernhandel zu Reichtum und Wohlstand gelangt waren, prägt den Laienstand bis in die Gegenwart und verleitete Max Weber zu Beginn des 20. Jh. zur Einordnung des Jainismus als eine »Kaufmannssekte«. Das Spannungsverhältnis zwischen religiösem Minderheitsstatus und herausragender wirtschaftlicher Stellung prägt insbesondere den Jainismus in der Gegenwart.

Nicht zuletzt bildet der Jainismus in aktuellen Diskursen um Konsum, Tierwohl, Klimawandel und Nachhaltigkeit eine wichtige, zunehmend hörbare Stimme in der globalen Welt. Eine junge Generation präsentiert die jainistischen Lehren von

Gewaltlosigkeit, Ökologie und Toleranz sowie eine besondere Form von Relativismus (*anekanta*), der unterschiedliche Ansichten über eine Frage oder Sache gleichwertig nebeneinanderstellt, als relevanten Beitrag zur Lösung grundlegender globaler Probleme.

Beim Versuch einer Gesamtdarstellung des Jainismus muss eine gewisse Unschärfe immer in Kauf genommen werden, denn es gibt nicht den *einen* Jainismus. Daran wird in den folgenden Kapiteln immer wieder erinnert, denn natürlich ist es für die Betrachtung des Jainismus verlockend, eine einzige Tradition zu konstruieren. Gleichzeitig wäre es für die Leser:innen ermüdend, wenn jeder Aussage der Hinweis hinzugefügt würde, dass diese aber nicht für den Jainismus als Ganzes, sondern nur für einzelne Richtungen oder Strömungen gelte.

Sollte dann überhaupt vom Jainismus als einer Tradition gesprochen werden – oder wäre die Formulierung »jainistische Religionen« sinnvoller, so wie beispielsweise auch von »hinduistischen Religionen« gesprochen wird anstatt von *dem* »Hinduismus«? Beim Jainismus ist die Situation tatsächlich etwas anders, denn es gibt durch den Glauben an den Religionsstifter und seine mythischen Vorgänger ein einigendes Element, das trotz aller Unterschiede eine gemeinsame jainistische Identität aller Gläubigen erzeugt.

Der Jainismus hat sich im Laufe der Jahrhunderte in weiten Teilen Indiens verbreitet und dort jeweils unterschiedliche Traditionen und Richtungen entwickelt. Die vorliegende Einführung blickt vor allem auf das nordwestliche Indien und damit auf die Tradition der Śvetāmbaras, einer der beiden Hauptrichtungen des Jainismus. Wo immer möglich und nötig, werden auch andere Traditionen in die Betrachtung einbezogen. Der gesetzte Blickwinkel erklärt sich nicht zuletzt durch den Forschungsschwerpunkt des Autors: die Kultur der Śvetāmbara-Gemeinden in Gujarat und Rajasthan.

Die literarische Überlieferung des Jainismus vollzog sich in verschiedenen indischen Sprachen. Die Verwendung fremdsprachiger Begriffe lässt sich bei einer allgemeinverständlichen Darstellung des Jainismus zwar begrenzen, aber nicht gänzlich vermeiden. Bei der Verwendung indischer Fachbegriffe wird durchgängig Sanskrit bevorzugt und nur dort, wo Begriffe aus dem Prakrit unbedingt notwendig sind, werden diese ergänzend angebracht. Dies mag verwundern, sind doch die kanonischen Schriften und die frühe Kommentarliteratur der Śvetāmbaras in den mittelindischen Volkssprachen, den Prakrits abgefasst. Die Verwendung des Sanskrits hat hingegen zweierlei Gründe: zum einen übernahmen es die Jainas seit dem frühen Mittelalter als Literatursprache, und zum anderen wird so die sprachliche Einheitlichkeit gewahrt, wo Zusammenhänge mit der altindischen Kultur und Religion thematisiert sind, deren bevorzugte Sprache das Sanskrit ist.

Zur Aussprache der Sanskritwörter

1. Die Vokale a, i und u werden stets kurz gesprochen wie z. B. in Asche, Bitte, Suppe.
2. Lang gesprochene Vokale ā, ī und ū sind durch einen waagerechten Überstrich markiert und werden gesprochen wie in Vase, Giebel, Rute. Obwohl ohne Überstrich, werden e und o stets lang gesprochen wie in Ehre oder Ohren.
3. Ein ṛ wird gesprochen wie »ri« (Ritter).
4. Die Konsonanten ś und ṣ werden wie »sch« gesprochen, ein s ohne diakritisches Zeichen wird gesprochen wie in Wasser.
5. Ein j wird wie »dsch« gesprochen (Dschungel).
6. Ein c wird gesprochen wie »tsch« (Tschechien).
7. Ein v wird gesprochen wie »w« (Winter).
8. Ein y wird gesprochen wie »j« (Jeder).

Die übrigen diakritischen Zeichen dienen der korrekten Orthographie und können bei der Aussprache der Wörter vernachlässigt werden.

1. Der Jina

Glaubensvorstellungen und überliefertes Wissen sind eine wichtige Säule jeder religiösen Sinnbildung und gleichzeitig eine Art Wegweiser für den Gläubigen. Der jainistische Erlösungsweg geht laut der Überlieferung zurück auf den Jina Mahāvīra. Er nimmt dessen Lebensweg als Vorbild und macht seine Verkündung zum Kern des Lehrsystems. Überliefertes Wissen, Glaubensvorstellungen und religiöse Handlung sind auf diese Weise gewissermaßen um den Jina arrangiert und machen ihn gleichzeitig zum Verehrungsobjekt. Als erinnerter oder angenommener Religionsstifter bildet der Jina somit den geistigen Mittelpunkt des Jainismus. Doch wie jede andere Religion unterliegt auch der Jainismus einem Entwicklungsprozess. So wurde mit der Zeit dem Ordensgründer Mahāvīra eine Reihe mythischer Vorgänger vorangestellt, die als Tīrthaṅkara (›Furtbereiter‹) schon in ferner Vorzeit die Erlösungslehre verkündet haben sollen (s. Tabelle auf der folgenden Seite).

Der Jainismus ist im eigentlichen Wortsinn die Lehre der *Jinas* (›Sieger‹) bzw. der Glaube und die Religion ihrer Anhänger. Mit dem Ehrentitel Jina wird in der jainistischen Überlieferung eine Reihe mythischer Erlöser bezeichnet. Um ewige Erlösung zu erlangen, muss der Mensch den von den Jinas gewiesenen Heilsweg beschreiten. Dieser existiert nach jainistischer Vorstellung seit ewigen Zeiten, gerät aber in den dunklen Zeitaltern in Vergessenheit und wird in jedem Weltalter von 24 nacheinander auftretenden Jinas aufs Neue verkündet. Besondere Verehrung erfährt dabei der letzte Jina des gegenwärtigen Zeitalters, der Jina Mahāvīra. Er soll wie der Buddha um die Mitte des ersten vorchristlichen Jahrtausends gelebt haben und gilt in der westlichen Geschichtsschreibung entweder als Stifter des Jainismus oder als Reformator einer älteren asketischen Tradition. Seine Vorgänger werden hingegen meist als mythi-

Jina	Der Sanskritbegriff *Jina* ist ein Ehrentitel und bedeutet ›Sieger‹ oder ›Eroberer‹. In den religiösen Traditionen des antiken Indien wird damit ein Mensch bezeichnet, der einen spirituellen Sieg errungen hat. Nach jainistischer Überlieferung hat der Jina die Allwissenheit erlangt und einen Ausweg aus dem Kreislauf ewiger Wiedergeburten gefunden. Dies führte ihn zur Erlösung.
Jaina/ Jainismus	Der moderne Begriff *Jainismus* beschreibt die religiöse Tradition, die sich aus der Lehre der *Jina* gebildet hat. Aus dem Sanskritwort *Jina* lässt sich der Begriff *Jaina* ableiten, der ›zum Jina Gehöriges‹ beschreibt. Damit sind insbesondere die Asketen und Gläubigen gemeint, die dem Jina und seiner Lehre in ihrer jeweiligen Tradition folgen. In der deutschsprachigen Literatur wird alternativ auch der Begriff *Jinismus* verwendet.
Tīrthaṅkara	Das Sanskritwort *Tīrthaṅkara* bedeutet ›Furtbereiter‹ und wird meist gleichbedeutend mit *Jina* gebraucht. Ein Tīrthaṅkara weist den Gläubigen aus spiritueller Kraft und durch seine verkündete Lehre einen Übergang (›Furt‹) auf den Weg zur Erlösung.

sche Figuren angesehen. Das Leben und die Lehre Mahāvīras und seiner Vorgänger sind in der jainistischen Literatur beschrieben, historisch verbürgt sind sie jedoch nicht.

Die Anfänge der jainistischen Lehre und die Formierung einer Urgemeinde liegen daher weitgehend im Dunkeln. Da historische Quellen für diese Zeit fehlen, hat die Forschung ersatzweise die jainistische Literatur herangezogen, um die geschichtliche Entwicklung zu rekonstruieren. Bei einer solchen

Marmorskulptur eines Jina; Rajasthan oder Gujarat, 14. Jh.; Museum Rietberg, Zürich

Annäherung ist jedoch zu berücksichtigen, dass diese von Mythen und Legenden durchdrungenen Texte zwar einiges über die theologische und geistesgeschichtliche Entwicklung des Jainismus berichten, aber nicht als historisch verlässliche Quellen gedeutet werden können.

Ebenfalls gilt es zu bedenken, dass die ursprünglich dem Jina zugeschriebene Lehre von verschiedenen Gruppen oft in unterschiedlicher Weise gedeutet und ausgelegt wurde. Abweichende Lehrmeinungen führten dabei nicht selten zur Spaltung von Gemeinden und zur Gründung neuer Richtungen und Schulen. Es gibt daher nicht den ›einen‹ Jainismus, sondern eine Vielfalt unterschiedlicher Traditionen. Am nachhaltigsten wirkte hier das sogenannte »große Schisma«, aus dem die zwei Hauptströmungen der Śvetāmbaras (die ›weißgekleideten‹ Asketen) und Digambaras (die ›luftgekleideten‹, d. h. nacktgehenden Asketen) hervorgingen.

Der Jina Mahāvīra

Wer war der Stifter des Jainismus und worauf gründete seine Lehre? Diese Frage nach dem Ursprung des Jainismus und der Herkunft ihres Gründers hat vor allem die Forschung im späten 19. und frühen 20. Jh. beschäftigt. Jainistische Denker und Gelehrte schufen eine schier unüberschaubare Fülle an literarischen Werken. Aus der vermuteten Gründungsepoche des Jainismus um die Mitte des ersten vorchristlichen Jahrtausends sind jedoch keine Quellen erhalten, die über eine Formierung der jainistischen Asketenbewegung Auskunft geben könnten.

Für die frühe Jainismus-Forschung stellte sich daher die Frage, inwiefern sich die literarische Überlieferung der Jainas mit westlicher Geschichtsschreibung überhaupt zusammenführen lässt. Enthalten die Lehrschriften möglicherweise Hinweise auf den Gründer des ersten Asketenordens, aus dem sich später die jainistische Gemeinde entwickelte – oder sind die überlieferten Texte eher als Legenden zu verstehen? Gehen wir zunächst einmal davon aus, dass es einen Gründer des Jainismus gegeben hat, so wie dies die meisten Jainas glauben. Dabei ist zu bedenken, dass die Suche nach einem historisch greifbaren Religionsstifter vor allem auf Vorstellungen der frühen religionswissenschaftlichen Forschung im 19. Jh. beruht.

Von den Jainas selbst wurde dieser Gedanke erst recht spät aufgegriffen und auf Grundlage westlicher Forschung eine Lebensdauer des Jina errechnet. Der Berechnung der Śvetāmbaras zufolge wurde Mahāvīra im Jahre 599 v. Chr. geboren und starb 527 v. Chr. im Alter von 72 Jahren. Diese Berechnung folgt einer Angabe am Ende der Jina-Legende im *Kalpasūtra*, wonach seit dem Tode Mahāvīras 980 bzw. 993 Jahre vergangen seien. Dieses Datum wird mit einem Konzil im westindischen Valabhī in Verbindung gesetzt, das in der Mitte des 5. Jh. stattgefunden haben soll und auf dem der Überlieferung zufolge die zu diesem Zeitpunkt erhaltenen jainistischen Schriften geordnet wurden. Abweichend von der Śvetāmbara-Tradition gehen die Digambaras allerdings von der Erlösung Mahāvīras im Jahr 510 v. Chr. aus.

Die Datierung des Jina steht in einem gewissen Verhältnis zur angenommenen Lebenszeit des Buddha, denn der Gründer des Jainismus wird in der buddhistischen Überlieferung als Konkurrent und Widersacher des Buddha erwähnt. Die Mitte des ersten Jahrtausends v. Chr., in dem die Gründergestalt anzusiedeln wäre, war eine Zeit großer gesellschaftlicher Veränderungen und sozialer Umbrüche. In diesen unruhigen Jahren durchzogen unzählige Wanderprediger das nordöstliche Indien und verkündeten ihre Heilslehren.

Die Herkunft und der Lebensweg jenes Wanderpredigers, der später als Jina Mahāvīra verehrt wurde, sind unbekannt. Selbst seinen wirklichen Namen kennt man nicht, denn die Angaben in der viel später verfassten Jina-Legende sind eher als eine Art Ehrentitel zu verstehen. Ob dieser Wanderprediger seine Lehre selbst entwickelt hat oder ob er auf ältere Heilslehren zurückgriff und diese im Sinne seiner Zeit entsprechend reformierte, ist ungewiss. Seinen Schülern scheint die Herkunft und Lebensgeschichte ihres Lehrers wenig bedeutet zu haben; ihr Interesse galt vielmehr seiner Heilslehre und dem damit verbundenen Weg zur Erlösung. Wohl aus diesem Grunde wurde nur die Lehre, nicht aber das Wissen um den Meister selbst bewahrt, sind keine Geschichten aus seinem Leben gesammelt und überliefert worden. Es wäre aber auch denkbar, dass der Meister selbst seine Person hinter seiner Lehre zurückstellte und sich eher als ein Erneuerer alter Überlieferung verstand, der nicht als Begründer einer neuen Geistesschule verehrt werden mochte. So gibt es sowohl unter Gläubigen als auch vereinzelt in Forscher:innenkreisen die Vermutung, dass der Jina Mahāvīra nicht ein neues Lehrsystem erschaffen, sondern eine bereits bestehende und viel ältere Lehre reformiert habe. Diese sei bereits Jahrhunderte vorher von einem anderen geistlichen Anführer entwickelt worden, der in der jainistischen Überlieferung als Jina Pārśva und mythischer Vorgänger Mahāvīras genannt wird. Mahāvīra habe nach dieser Vorstellung dessen Lehre reformiert und dabei vor allem die Regeln der Askese verschärft. Er wäre somit nicht der Gründer des Jainismus, sondern der Reformer und Erneuerer einer älteren Tradition.

In diesem Zusammenhang wäre es ebenfalls denkbar, dass der Jainismus nicht auf eine einzige Gründerfigur zurückgeht, sondern vielmehr eine Zusammenfassung verschiedener Heilslehren ist, die erst zu einem späteren Zeitpunkt einem Stifter zugeschrieben wurden. Das Fehlen historischer Belege über die Existenz des Jina könnte aber schließlich auch darauf hindeuten, dass es eine Stifterfigur nicht gab. Aus religionssoziologischer Perspektive ist die Gründung einer vollkommen neuen Lehre durch eine einzelne Person ohnehin eher unwahrscheinlich.

Offensichtlich ist hingegen die Verehrung, welche der Jina Mahāvīra durch die Gläubigen erfährt. Deren Vorstellung über den verehrten Religionsstifter speist sich aus einer Fülle von Legenden und Erzählungen über das Leben und Wirken Mahāvīras. Es erscheint daher sinnvoll, Mahāvīra zunächst einmal weniger als historische, sondern vielmehr als eine literarische Figur zu begreifen, die innerhalb des jainistischen Schrifttums in unterschiedlicher Weise auftritt.

In der Unterweisungsliteratur ist Mahāvīra vor allem ein geistlicher Lehrer, in den Legenden und Erzählungen wird er hingegen zu einem Heiligen, der mit der Zeit zunehmend vergöttlicht wird. Wie aber ist die Vergöttlichung eines religiösen Anführers zu verstehen, dem keine historische Persönlichkeit zugrunde liegt? Ein überzeugendes Modell für den Prozess der

Vergöttlichung religiöser Gründerfiguren wurde von Max Scheler in *Die Wissensformen und die Gesellschaft* (1926, [2]1960) vorgeschlagen. Demzufolge bedeutet die Vergöttlichung des Stifters eine Verwandlung vom *Vorbild* zum *Subjekt*, d. h. zum Verehrungsgegenstand der Religion.

Für den Jainismus bedeutet dies, dass vermutlich eine Gründerfigur erdacht wurde, um die Stränge unterschiedlicher Lehren und Traditionen darin zusammenzuführen und zu bündeln. Dieser anfänglich menschlich gedachte Ordensgründer oder Anführer eines Asketenordens wird anschließend zu einem übermenschlichen Wesen umgeformt und ist damit gleichzeitig gegenüber seinen Anhängern erhöht und entfremdet. Aus *Suchenden* nach Erlösung werden auf diese Weise *Gläubige*, die auf eine Erlösung durch die Verehrung des vergöttlichten Stifters hoffen. Die Gläubigen müssen nun nicht mehr dem beschwerlichen Weg ihres Vorbildes folgen, der mit Armut und Askese einhergeht, sondern reduzieren ihr Handeln auf die Verehrung des religiösen Subjekts, d. h. des Jina Mahāvīra. Für die Gläubigen bedeutet dies eine Erleichterung in der religiösen Praxis, weil damit der lange und beschwerliche Weg zur Erlösung durch ein festes Ritual ersetzt wird. Scheler interpretiert dies als den »Sieg des Massendrucks und der Massenführer gegen die höheren, reineren Formen spiritueller Religiosität«. Dies deckt sich auf gewisse Weise mit der Einschätzung der frühen Jainismusforschung, in der die Asketentradition gegenüber der Religionsausübung des sogenannten Laienstandes als die ursprüngliche und ›echte‹ Form des Jainismus gedeutet wurde. Tatsächlich aber bilden erst beide Gruppen gemeinsam die Jaina-Religion und stehen in einem tiefen Verhältnis gegenseitiger Unterstützung und Abhängigkeit.

Die Vergöttlichung des Religionsstifters geschieht zunächst auf literarischer Ebene. Hier wird das Leben und Wirken der erdachten oder erinnerten Gründerfigur in verschiedenen Episoden von Legenden umwoben und eingerahmt und schließlich in der Jina-Legende zusammengeführt. Die Vergöttlichung vollzieht sich dabei über einen sehr langen Zeitraum. Der erste Schritt in diese Richtung geschieht mit der Schaffung der Jina-Legende, die das Leben und Wirken Mahāvīras schildert. Nach seiner Umformung zum Heiligen und schließlich zum göttlichen Wesen steht der Jina auf der höchsten Stufe des jainistischen Pantheons – noch über den Göttern. Die Allwissenheit des mythischen Jina wird bei ihm zur Allmacht und macht ihn zum Gott unter den Göttern (*devādideva*) und zum spirituellen Herrscher über die drei Welten (*triloka*).

Aus religionsgeschichtlicher Sicht wird die Idee des verherrlichten Religionsstifters vor dem Konzept eines vergöttlichten Jina gestanden haben. Allerdings ist unmöglich, eine feste Abgrenzung zwischen beiden Ebenen vorzunehmen, da sich Heilslehren stets in einem Zustand fortschreitender Entwicklung befinden und die Übergänge in der Regel nur dann eine Zäsur bilden, wenn Unstimmigkeiten und dadurch Abspaltungen der Anhängerschaft entstehen. Hinzu kommt, dass die Herausbildung des vergöttlichten Jina auf der Idee einer mythischen Stifterfigur aufbaut. Unter diesem Gesichtspunkt erscheint uns der mythische Religionsstifter aus heutiger Perspektive als ein vorübergehendes Entwicklungsstadium des vergöttlichten Jina.

Zusammenfassend ergibt sich folgendes Bild: Ein historisch verbürgter Religionsstifter ist anhand der vorliegenden Quellen nicht nachweisbar. Sollte der Jainismus tatsächlich auf eine Gründerfigur zurückgehen, so könnte dieser ›historische Jina‹ ein Wanderprediger und Heilslehrer gewesen sein, der sich gegen die herrschende Ordnung seiner Zeit auflehnte, den Ausweg aus den leidvollen Lebensumständen seiner Zeit in einem asketischen Lebenswandel sah und eine strikte Besitzlosigkeit predigte. Daneben ist auch eine Entwicklung denkbar, welche die Konstruktion einer Stifterpersönlichkeit ohne ein tatsächliches historisches Vorbild als möglich und wahrscheinlich erscheinen lässt. In gewisser Weise greifbarer wird der Jina als literarische Figur der jainistischen Überlieferung, insbesondere der Jina-Legende.

Die Mahāvīra-Legende

Nachdem die Gestalt des Jina als überlieferter Stifter des Jainismus eingeführt und als literarisch überlieferte Gestalt historisch eingeordnet wurde, wenden wir uns nun der literarischen Überlieferung selbst zu.

Die Jina-Legende und insbesondere die Lebensgeschichte Mahāvīras liegt in zahlreichen verschiedenen Fassungen vor. Sie ist ein zentraler Bestandteil der jainistischen Laienfrömmigkeit und zeichnet den vorbildlichen Lebenswandel eines Menschen sowie die idealtypische Absolvierung des jainistischen Erlösungswegs vor. Die älteste Überlieferung findet sich in der kanonischen Literatur der Śvetāmbaras und besteht lediglich aus einzelnen Versatzstücken und kurzen Episoden, verstreut in verschiedenen Werken der jainistischen Literatur. Einige dieser Episoden flossen später in die Jina-Legende ein, deren früheste bekannte Fassung im *Ācārāṅgasūtra* enthalten ist und das Leben und Wirken Mahāvīras von der Geburt bis zum Erlangen allumfassenden Wissens schildert.

Spätere Versionen der Jina-Legende wie etwa das besonders verbreitete Kalpasūtra oder die von Hemacandra verfasste Jina-Biographie erzählen mehr oder weniger ausführlich auch die Lebenswege der 24 Jinas, die der Legende zufolge zu früheren Zeiten und als Vorgänger Mahāvīras die jainistische Lehre verkündeten. Für die schrittweise Herausbildung der Jina-Legende sind vor allem folgende drei Versionen von Bedeutung:

Jina-Legende im ***Ācārāṅgasūtra*** Verfasser unbekannt.	Das zweiteilige *Ācārāṅgasūtra* gehört zur ältesten jainistischen Überlieferung der Śvetāmbaras. Der zweite und vermutlich wesentlich jüngere Teil dieses Werkes enthält eine frühe Schilderung vom Leben Mahāvīras.
Jina-Legende im ***Kalpasūtra*** Der Überlieferung zufolge von dem Mönch Bhadrabāhu verfasst.	Das *Kalpasūtra* gehört ebenfalls zur Literatur der Śvetāmbaras und enthält eine ausführlichere Fassung der Jina-Legende, die streckenweise identisch ist mit der im *Ācārāṅgasūtra* enthaltenen Version, die ergänzend aber auch kurze Beschreibungen von einigen früheren Jinas enthält. Das *Kalpasūtra* ist die wohl bekannteste Fassung der Jina-Legende.
Triṣaṣṭiśalākāpuruṣacaritra Verfasst von dem Mönch Hemacandra.	Das umfangreiche Sanskritwerk *Triṣaṣṭiśalākāpuruṣacaritra* (›Biographien von 63 wichtigen Männern‹) schildert die Lebenswege jener Heiligen und Helden, die der jainistischen Überlieferung zufolge in jedem Zeitalter nacheinander auftreten. Hemacandra war ein jainistischer Mönch und Gelehrter, der im 12. Jh. dieses Kompendium zur jainistischen Universalgeschichte verfasste, in dem auch ausführliche Beschreibungen der Lebensläufe und Legenden aller 24 Jinas enthalten sind.

Zu welchem Zeitpunkt eine Jina-Legende erstmals erdacht und verfasst wurde, ist nicht bekannt. Auch die Datierung der frühen Fassungen im *Ācārāṅgasūtra* und *Kalpasūtra* ist nicht gesichert, doch ist eine Entstehung erst in nachchristlicher Zeit und damit lange nach der vermuteten Gründung des Jainismus anzunehmen. Beide Texte werden der kanonischen Literatur der Śvetāmbaras zugeordnet.

Die Digambaras verfügen über eine eigene Erzähltradition,

zu der auch Erzählungen aus dem Leben des Jina Mahāvīra und seiner Vorgänger gehören. Diese Texte entstanden aber erst zu einem späteren Zeitpunkt und vermutlich unter dem Einfluss der genannten Werke der Śvetāmbaras. Die folgende Übersicht über die Jina-Legende basiert daher im Wesentlichen auf der Erzähltradition der Śvetāmbaras. Die bis heute unzählige Male nacherzählte Legende entspricht im Kern der im *Kalpasūtra* überlieferten Fassung, die nach und nach ausgeschmückt und um Episoden erweitert wurde, die entweder erdichtet oder anderen Werken entnommen wurden. Auf diese Weise flossen mit der Zeit auch Geschichten und Motive in den Erzählstoff ein, die ebenso in anderen religiösen Traditionen Südasiens vorkommen.

Die Jina-Legende gliedert sich in fünf glücksverheißende Ereignisse (*kalyāṇa*), die sich jeweils zur selben Mondkonstellation ereigneten und in unterschiedlicher Länge und Ausführlichkeit geschildert werden; diese sind: Herabstieg in den Leib der Mutter, Geburt, Mönchsweihe, Erlangung allumfassenden Wissens und schließlich Erlösung. Im *Kalpasūtra* wird berichtet, dass sich der Jina Mahāvīra vor seiner Geburt über einen unendlich langen Zeitraum in einem himmlischen Palast in einer der unteren Ebenen des Himmels aufhielt, bevor er eines Nachts in den Leib der Brahmanin Devānandā einging, die mit ihrem Gatten im Dorf Kuṇḍagrāma lebte. Der Brahmanin erschienen daraufhin 14 Traumbilder, die durch ihren geöffneten Mund in den Körper einzudringen schienen. In einem Zustand zwischen Schlaf und Erwachen erblickte sie einen weißen Elefanten, einen kräftigen Stier, einen Löwen, die Glücksgöttin Śrī, eine Blumengirlande, die Sonne, den Mond, ein königliches Banner, eine kostbare Vase, einen Lotusteich, einen Ozean, einen fliegenden, himmlischen Palast, einen Juwelenhaufen und schließlich ein rauchloses Feuer. Diese Traumbilder, so erfuhr sie am nächsten Morgen von ihrem Ehemann, dem Brahmanen

Ṛṣabhadatta, kündigten die Geburt eines großen Gelehrten und weisen Mannes an. Dies versetzte sie in große Freude.

Zur gleichen Zeit erzitterte im Götterhimmel der Thron des Götterkönigs Śakra, der über den Saudharma-Himmel herrschte und der auf diese Weise unterrichtet wird, dass die Geburt eines Weltenherrschers oder eines Erlösers bevorsteht. Voller Freude stieg er von seinem Thron und verneigte sich in Richtung des Dorfes Kuṇḍagrāma. Im nächsten Moment bemerkte er jedoch, dass sich Mahāvīra in den Leib einer Brahmanin inkarniert hatte, und er wurde nachdenklich, denn die Herkunft eines Jina aus der Familie eines Brahmanen war undenkbar.

Śakra rief daraufhin den Anführer seiner königlichen Infanterie, den gazellenköpfigen Gott Hariṇaigameṣin, herbei und erteilte ihm den Befehl, den Embryo Mahāvīras aus dem Leib der Devānandā zu entfernen und in den Leib der Fürstin Triśalā umzubetten. Triśalā, die als Gemahlin des Fürsten Siddhārtha in dem von Angehörigen der Krieger- und Adelskaste (*kṣatriya*) bewohnten Bezirk des Dorfes Kuṇḍagrāma lebte, würde dem künftigen Jina eine würdige Mutter sein. Der Befehl wurde von Hariṇaigameṣin umgehend ausgeführt. Bemerkenswert ist die Ausführlichkeit, mit der die Legende den Austausch des Embryos schildert.

Der Herabstieg des Jina und der Eintritt als Embryo in den Körper der Brahmanin Devānandā geschieht ohne einen Zeugungsakt und ist demzufolge ein übernatürliches Ereignis. Der Vorgang ähnelt der buddhistischen Überlieferung, wo der Buddha ebenfalls nicht durch einen Zeugungsakt, sondern durch Herabstieg aus dem Götterhimmel empfangen wird. Dahinter steht vermutlich die Idee, dass die Schwangerschaft ohne vorherigen Zeugungsakt eine Bindung von schädlichem Karma verhindert, denn das buddhistische Zeugungsmodell setzt neben einer freien Seele im Stadium der Zwischenexistenz auch eine Art Gier der Mutter oder beider Elternteile nach Kindern als Motivation für Zeugung und Empfängnis voraus. Es ist naheliegend, dass dieser Gedanke in die Jina-Legende übertragen wurde. Während aber Devānandā den Embryo auf übernatürlichem Wege empfing, muss Triśalā bereits vorher schwanger gewesen sein, denn im *Kalpasūtra* wird von einem Austausch beider Embryos berichtet und nicht von einer einfachen Umbettung.

Im *Kalpasūtra* wird geschildert, dass Hariṇaigameṣin sich dem Wunsche Śakras entsprechend zum Haus des Brahmanen Ṛṣabhadatta begab, die Bewohner in einen tiefen Schlaf versetzte und schließlich der Devānandā den Embryo entnahm. Dann setzte er den Embryo, ohne ihn zu beschädigen, auf seine Handflächen und begab sich zum Haus des Siddhārtha. Hier angekommen versetzte er auch dessen Bewohner in einen tiefen Schlaf, entnahm den vorhandenen Embryo aus dem Leib der Triśalā und setzte stattdessen den künftigen Jina Mahāvīra als Embryo ein. Anschließend begab er sich erneut zum Haus des Ṛṣabhadatta, übertrug Triśalās Leibesfrucht in die Brahmanin und kehrte zurück in den Götterhimmel. Die Methode der Umbettung erklärt Mahāvīra später seinem Schüler Indrabhūti Gautama und beschreibt, wie Hariṇaigameṣin den Embryo durch eine vorsichtige Berührung mit dem Finger durch den Geburtskanal (*yoni*) aus der Gebärmutter (*garbha*) entnommen habe.

Mahāvīra war sich der Umbettung bewusst, den beiden Müttern blieb der Austausch hingegen verborgen. Hemacandra berichtet jedoch, dass Devānandā nach dem Austausch der Embryos ein weiteres Mal die 14 Traumbilder erblickte, die nun jedoch aus ihrem Munde austraten, und dass sie danach von Trauer und Verzweiflung ergriffen wurde.

Nach dem Austausch des Embryos erschienen nun auch Triśalā die 14 glücksverheißenden Traumbilder. Am nächsten Morgen berichtete sie ihrem Gemahl, dem König Siddhārtha, von den Träumen und dieser ließ sofort mehrere Traumdeuter herbeieilen, um die Bedeutung der Träume zu ergründen. Nachdem die königliche Audienzhalle aufwendig vorbereitet und geschmückt wurde, trafen die gelehrten Traumdeuter ein und begannen mit der Interpretation der Träume. Triśalā wohnte der Zeremonie abgeschirmt von einem Vorhang bei.

Die Traumdeuter erklärten dem königlichen Paar, dass die 14 Träume die Geburt eines mächtigen Königs und Kriegsherrn oder eines Erlösers ankündigten. Der König war über diese Nachricht hocherfreut, rechnete er doch nun mit einem würdigen Thronfolger, und er entließ die Traumdeuter, nachdem er sie reich belohnt hatte. Von diesem Moment hielt das Glück Einzug am fürstlichen Hof, und der Reichtum der königlichen Familie wuchs durch den Beistand der tiergestaltigen Jṛmbhaka, die dem Reichtumsgott Vaiśravaṇa unterstanden.

Weshalb Mahāvīra sich anscheinend versehentlich in den Leib einer als nicht standesgemäß angesehenen Mutter inkarniert hatte, wird in den frühen Fassungen der Jina-Legende nicht erklärt. In der jainistischen Weltgeschichte *Triṣaṣṭiśalākāpuruṣacaritra* (›Biographien von 63 wichtigen Männern‹) des Hemacandra wird jedoch vermerkt, dass Mahāvīra aufgrund hochmütiger Gefühle während einer früheren Existenz und der Bindung entsprechenden Karmas in den Leib der Brahmanin Devānandā herabgestiegen war.

Schon im Mutterleib zeigte Mahāvīra sein großes Mitgefühl. So wird im *Kalpasūtra* berichtet, dass sich Mahāvīra, der erkannte, wie belastend die Schwangerschaft für seine Mutter war, aus Mitgefühl zusammengekauert hatte und vollkommen reglos blieb. Daraufhin wurde Triśalā jedoch von Angst ergriffen, denn sie befürchtete, dass der bewegungslose Embryo verstorben sei. Als Mahāvīra die Verzweiflung seiner Mutter erkannte, bewegte er vorsichtig einen einzigen Teil seines Körpers, woraufhin Triśalā in freudige Erleichterung verfiel. Tief bewegt vom Leiden seiner Mutter beschloss Mahāvīra daraufhin, der Welt erst nach dem Tod seiner Eltern zu entsagen, um ihnen zu Lebzeiten keinen Kummer zu bereiten.

Nach neun Monaten und siebeneinhalb Tagen wurde Mahāvīra geboren. Die Legende berichtet, dass der Himmel von den auf- und niedersteigenden Göttern in ihren himmlischen Fahrzeugen hell erleuchtet war. Die Eltern vollzogen daraufhin die vorgeschriebenen Geburtsriten, und die Götter veranstalteten die übliche Weihezeremonie des künftigen Jina auf dem Gipfel des Berges Meru.

Von seinen Eltern erhielt der künftige Jina den Namen Vardhamāna (›der Gedeihende‹) und lebte dreißig Jahre im Palast seiner Eltern. Später nannte man ihn aufgrund seines Gleichmutes und seiner Standfestigkeit in der Meditation Śramaṇa (›Asket‹), und von den Göttern erhielt er schließlich den Ehrentitel Mahāvīra (›großer Held‹), unter dem er allgemein bekannt ist.

Mahāvīra verbrachte seine Kindheit und Jugend im Palast seiner Eltern. Über diese Jahre wird im *Kalpasūtra* nicht weiter berichtet. Mahāvīra wurde schließlich mit der Prinzessin Yaśodā verheiratet, die kurze Zeit später eine Tochter gebar; diese erhielt den Namen Priyadarśanā. Als weitere Verwandte werden ein älterer Bruder und ein Onkel des Prinzen erwähnt.

Nach dem Tod seiner Eltern entsagte Mahāvīra mit der Erlaubnis seines älteren Bruders und der Würdenträger des Reiches der Welt und verließ den Hof, um Bettelmönch zu werden.

In der Version Hemacandras ist es der Tod der Eltern, der Mahāvīra die Vergänglichkeit vor Augen führt und ihn zur Weltentsagung veranlasst. Er schlägt den Thron des Vaters aus, der daraufhin von seinem Bruder Nandivardhana bestiegen wird, bleibt aber auf dessen Bitten hin zunächst noch für ein Jahr am Hof, übt sich in Meditation und Enthaltsamkeit und beginnt, allen Besitz zu verschenken. Ein ganzes Jahr lang verteilt der künftige Jina seine Kostbarkeiten und Reichtümer, bis er schließlich von den Lokāntika-Göttern aufgefordert wird, eine Gemeinde zu gründen. Daraufhin befiehlt Nandivardhana die Vorbereitung der Mönchsweihe, die anschließend von Gott Śakra ausgeführt wird.

Die Legende berichtet, wie der Prinz in der Sänfte ›Mondglanz‹ (*candraprabha*) aus dem Palast getragen wurde, gefolgt von Herolden, Muschelhornbläsern und Glockenträgern, die seinen bevorstehenden Weg zur Erlösung priesen. Die prunkvolle Sänfte, die von tausend Männern getragen wurde, war zuvor von Gott Śakra durch Magie erzeugt worden und besaß in der Mitte einen silbernen Löwenthron, den Mahāvīra nach dreitägigem Fasten, geschmückt mit Krone und königlichem Ornat, bestieg. Neben ihm standen die Götter Śakra und Īśāna, die ihm mit kostbaren Wedeln Luft zufächelten, während Menschen und Götter die Sänfte zu einem Park außerhalb des Dorfes trugen. Unter einem gewaltigen Aśoka-Baum (*Saraca asoca*) entstieg Mahāvīra der Sänfte, legte die Blütengirlanden und all seinen Schmuck ab und riss mit fünf Griffen sein Haar heraus. Anschließend fastete er zweieinhalb Tage, legte ein göttliches Gewand an und begab sich schließlich ganz alleine in die Hauslosigkeit.

Der Übertritt in den Mönchsstand markiert einen entscheidenden Wendepunkt. Der Prinz verlässt den Palast der Eltern und beginnt als Wanderasket seine Suche nach Erlösung. Würde die Jina-Legende vom Lebensweg eines ›historischen Jina‹ als dem Stifter der jainistischen Heilslehre oder ersatzweise von der idealisierten Figur eines mythischen Jina berichten, so würde mit diesem Ereignis die eigentliche Handlung beginnen, denn Geburt und Kindheit des Jina sind im Grunde nicht viel mehr als eine Art Einleitung zur Beschreibung jenes Weges, der ihn erst zur Allwissenheit und schließlich zur Erlösung führte. Tatsächlich bildet die Weltflucht aber fast das Ende der

Legende, denn die folgenden Jahre der Wanderschaft sind weder im *Kalpasūtra* noch im *Ācārāṅgasūtra* geschildert.

Der Prinz war nun ein Wanderasket geworden, zog nach seiner Mönchsweihe viele Jahre durch das Land und übte sich in strengster Askese. Über diese Wanderjahre wird erst von Hemacandra ausführlich und zusammenhängend berichtet. Im *Kalpasūtra* wird hingegen nur die vorbildliche Askese Mahāvīras erwähnt und im *Ācārāṅgasūtra* auf die gefahrvollen Wanderungen Mahāvīras im Lande Lāḍha verwiesen.

Im dritten Jahr seiner Wanderschaft traf Mahāvīra mit Maṅkhali Gośāla, dem späteren Anführer des Ājīvika-Ordens, zusammen und nahm ihn als Schüler auf. Die Ājīvikas waren Anhänger einer asketischen Bewegung, die vermutlich um die Mitte des ersten vorchristlichen Jahrtausends entstand. Ebenso wie Buddhisten und Jainas wendeten sie sich gegen die Vormachtstellung der Brahmanen und die vedische Religion und vertraten dabei einen radikalen Determinismus. Ihr Schrifttum ist nicht überliefert, daher können ihre Lehren nur bruchstückhaft aus der buddhistischen und jainistischen Überlieferung rekonstruiert werden. Gemeinsam wanderten sie sechs Jahre, bis Gośāla sich von seinem Lehrer abwandte und ihn verließ. Mahāvīra setzte seine Wanderungen daraufhin alleine fort. In dieser Zeit wurde er zahlreichen Kasteiungen ausgesetzt, die teilweise von den Göttern ausgingen und meist von Tieren oder Menschen ausgeübt wurden, die Mahāvīra aber überstand.

Trotz dieser Störungen erlangte er im 13. Jahr seiner Wanderschaft bei Jṛmbhikagrāma unter einem Śāla-Baum (*Shorea robusta*) am Ufer des Flusses Rijupālika die Allwissenheit. Einer kurzen Beschreibung der durch die Allwissenheit gewonnenen Einsichten, darunter der Lauf der Welt und das Denken und Tun aller sich darin befindenden Seelen, folgt im *Ācārāṅgasūtra* dann die erste Predigt, die Mahāvīra zunächst vor den

Göttern hält, die zu diesem Zweck vom Himmel herabsteigen, und dann vor den Menschen. Ob der Jina zu diesem Zweck einen anderen Ort aufsuchte oder am Platz seiner Erleuchtung blieb, wird dabei nicht näher behandelt.

Im *Kalpasūtra* ist diese erste Predigt nicht überliefert; hier folgt stattdessen auf die Erleuchtung eine Aufzählung jener Orte, wo Mahāvīra die nächsten Regenzeiten verbrachte. Demzufolge fand der Jina während der ersten Regenzeit eine Unterkunft in Asthikagrāma, einem Ort, den er bereits vor seiner Erleuchtung mehrfach besuchte, und danach in Campā, der Hauptstadt des Landes Aṅga.

Die Erlangung allumfassenden Wissens (*kevalajñāna*) ist das oberste Ziel auf dem jainistischen Erlösungsweg und bildet die Voraussetzung für das Ausscheiden aus dem Kreislauf der Wiedergeburten. In diesem Sinne darf die Allwissenheit als Entsprechung zur buddhistischen Erleuchtung verstanden werden. Fortan zog er predigend durch das Land und erneuerte auf diese Weise die ewige Heilslehre der Jainas. Als Wanderprediger wurde er dabei zum Konkurrenten des Buddha. Er begegnete Buddha zwar nie persönlich, in der buddhistischen Überlieferung wird Mahāvīra jedoch unter dem Namen Nirgrantha Jnātiputra (Nigantha Nāthaputta) als Widersacher und Häretiker erwähnt.

Nachdem er fast dreißig weitere Jahre predigend durch das nordöstliche Indien gewandert war, starb Mahāvīra mit 72 Jahren am Hofe des Königs Hastipāla in Pāvāpurī und stieg auf zum Ort der erlösten Seelen (*siddhaloka*) am Scheitelpunkt des Universums.

Die Erzählung des Lebensweges des Jina Mahāvīra von seiner Geburt bis zur Erlösung wurde erst vergleichsweise spät verfasst und entstand wohl unter dem Einfluss der Buddha-Legende. Dies belegt die starke Ähnlichkeit des Lebensweges beider Religionsstifter. Wie die Buddhisten, so schreiben auch die

Jainas die Gründung ihrer Religion einem Prinzen zu, der Herrschaft und Reichtum aufgab, der Welt entsagte und schließlich nach Jahren strengster Askese einen Weg zur Erlösung fand. Die ausgeprägte Anlehnung der Jina-Legende an das Leben des Buddha wirft erneut die Frage auf, ob die Schilderung Mahāvīras überhaupt über einen historischen Kern verfügt oder insgesamt eine erdichtete Legende ist. Episoden aus dem Leben Mahāvīras in älteren Texten flossen in die Erzählung nicht ein.

Die spätere Fassung, die von Hemacandra im 12. Jh. niedergeschrieben wurde, beschreibt den Lebensweg aller 24 Tīrthaṅkaras des gegenwärtigen Zeitalters von der Geburt bis zur Erlösung. Grundlage ist die Biographie des letzten Tīrthaṅkara Mahāvīra, dessen Vita als Schablone für die Legenden all seiner Vorgänger gedient haben dürfte. Dabei verwischen die Grenzen zwischen dem menschlichen Religionsstifter, der von seinen Anhängern verehrt wird, und dem späteren vergöttlichten Jina, der im Sinne der ewigen Weltordnung jeweils zur festgelegten Zeit in einer Reihe von 24 Heilsbringern und anderen mythischen Figuren (Helden, Weltenherrschern usw.) auftritt, um die Kenntnis der Lehre zu erneuern, und der im Anschluss an die Verkündigung erlöst wird. Vor allem Hemacandras Darstellung der Lebensgeschichten aller 24 Jinas unter Einschluss der Vorexistenzen und Berücksichtigung all jener Legenden, die zuvor nur verstreut in verschiedenen Schriften überliefert waren, zeichnet ein relativ vollständiges Bild der Jina-Legende. Welche Quellen Hemacandra dabei als Vorlagen für seine Universalgeschichte dienten, ist allerdings unklar.

Die Schöpfung der Jina-Legende ist ein entscheidender Schritt zur Vergöttlichung des Jina, denn sie verbindet den jainistischen Heilsweg stärker mit dem Lebensweg des Jina. Die Laienfrömmigkeit erhebt das Leben des Jina zum vorbildlichen Erlösungsweg und macht das Heilsziel durch die Einführung des Kultbildes beispielhaft sichtbar. Erlösung durch die Lehre wird dadurch nun auch zur Erlösung durch den Jina. Den Mönchen und Nonnen gilt der Jina weiterhin als der idealtypische Asket, dessen Vorbild sie nachfolgen. Darüber hinaus wurde die Jina-Legende auch zum Bestandteil jainistischer Ritualhandlungen.

Diese Verehrung geschieht beispielsweise während der Rezitation der Jina-Legende aus dem *Kalpasūtra* durch jainistische Mönche am vierten Tag des Paryuṣaṇā-Festes. Der Laiengemeinde werden zur Erläuterung des Textvortrags und gleichzeitig zur Verehrung die Miniaturen illustrierter Handschriften mit Episoden aus der Jina-Legende präsentiert. Auf diese Weise werden die Begleitfiguren der Jina-Legende, die als Weggefährten und Verwandte des Jina in gewisser Weise an der Heiligkeit des Jina teilhatten, selbst als Zeugen der Erlösung des Jina zum Gegenstand der Verehrung. Die noch heute praktizierte Rezitation und Präsentation der Miniaturen, der häufig eine besondere Verehrungszeremonie der Handschrift selbst vorausgeht, reicht vermutlich bis ins Mittelalter zurück und dürfte einer der Gründe für die zahlreichen Stiftungen besonders prächtiger *Kalpasūtra*-Handschriften sein.

Es lässt sich also zusammenfassend feststellen, dass der Jina Mahāvīra mit der Zeit eine Wandlung erfährt, die sich in der Erweiterung und zunehmenden Ausschmückung der Jina-Legende manifestiert. Die älteste Überlieferung der Śvetāmbaras schildert Mahāvīra als einen einfachen Asketen, der die jainistische Heilslehre verkündete, während er im *Kalpasūtra* eine vollständige Umformung zum Erlöser erfuhr. Mahāvīra ist auch hier anfangs ein Mensch, der aus eigenem Antrieb, aber unter Einfluss karmischer Vorbestimmung dem weltlichen Leben entflieht und aus eigener Kraft eine höhere Erkenntnis erlangt, die ihm schließlich die Erlösung ermöglicht. Die unterstützenden Eingriffe der Götter, von denen die Jina-Legende später berichtet, gereichten ihm nicht zur Hilfe; in seiner Welt dienten die Götter, soweit überhaupt von Bedeutung, allein weltlichen Belangen. Diese Haltung spiegelt sich im jainistischen Mönchswesen, das die Vorstellung der Erlösung aus eigener Kraft niemals in Frage gestellt hat.

Der »mythische« Religionsstifter wird in der Jina-Legende teilweise schon vom vergöttlichten Jina überlagert. Spätestens im Mittelalter wurde der mythische Jina zum kosmischen Erneuerer der Lehre umgeformt. Daraus ergibt sich nun folgendes Bild: Der historische Jina könnte ein Heilslehrer gewesen sein, der sich gegen die herrschende Ordnung auflehnte. Der literarische Jina ist ein Mensch, der durch Entsagung die Weltordnung überwindet, indem er aus dem Kreislauf der Wiedergeburten ausscheidet. Der vergöttlichte Jina ist schließlich selbst Teil der Weltordnung geworden, sein Auftreten ist nicht mehr einmalig, sondern erfolgt in zyklischer Wiederkehr, begleitet von der Unterstützung der Götter, die sich dem Jina unterwerfen.

Die Vorgänger Mahāvīras

Die Jina-Legende erzählt in ihrer frühen Fassung nur die Lebensgeschichte Mahāvīras und schildert darin das Leben des Prinzen Vardhamāna, der im königlichen Palast seiner Eltern aufwächst und nach deren Tod der Welt entsagt, um fortan als Asket und Wandermönch umherzuziehen.

Während der ursprüngliche Religionsstifter noch ganz Mensch ist und aus eigener Kraft den Weg zur Erlösung findet, wird der vergöttlichte Jina zu einem Bestandteil der Weltordnung. Sein Auftreten ist kein einmaliges Ereignis, das in die Gründung einer neuen Lehre mündet, sondern Teil einer Abfolge von 24 Jinas, die im auf- und absteigenden Zyklus eines jeden Weltzeitalters erscheinen, um die – nun als ewig verstandene – Lehre zu erneuern und zu verkünden. In den jainistischen Legenden sind die Geburtsorte jedes einzelnen Jina genannt und ebenso die Plätze, an denen sie erlöst wurden; in den meisten Fällen ist dies der Sameta Śikhara im nordöstlichen Indien:

	Jina	Symbol	Geburtsort	Ort der Erlösung
1.	Ṛṣabha oder Ādinātha	Stier	Ayodhyā	Aṣṭāpada
2.	Ajitanātha	Elefant	Ayodhyā	Sameta Śikhara
3.	Sambhavanātha	Pferd	Śrāvasti	Sameta Śikhara
4.	Abhinandananātha	Affe	Ayodhyā	Sameta Śikhara
5.	Sumati	Brachvogel	Ayodhyā	Sameta Śikhara
6.	Padmaprabha	Rote Lotusblüte	Kauśāmbī	Sameta Śikhara
7.	Supārśva	Svastika (Hakenkreuz)	Vārāṇasī	Sameta Śikhara
8.	Candraprabha	Mondsichel	Candrapura	Sameta Śikhara
9.	Suvidhi	Makara (Śvetāmbaras) / Krebs (Digambaras)	Kākandi	Sameta Śikhara
10.	Śītala	Glückssymbol Śrīvatsa (Śvetāmbaras) / Feigenbaum (Digambaras)	Bhadrapura	Sameta Śikhara

11.	Śreyaṃsa	Nashorn	Siṃhapura	Sameta Śikhara
12.	Vasupūjya	Büffel	Campāpurī	Campāpurī
13.	Vimala	Eber	Kāmpilya	Sameta Śikhara
14.	Ananta	Falke (Śvetāmbaras) / Bär (Digambaras)	Ayodhyā	Sameta Śikhara
15.	Dharma	Vajra (Diamantzepter)	Ratnapurī	Sameta Śikhara
16.	Śantinātha	Gazelle	Hastināpura	Sameta Śikhara
17.	Kunthu	Ziegenbock	Hastināpura	Sameta Śikhara
18.	Ara	Glückssymbol Nandyāvartha (Śvetāmbaras) / Fisch (Digambaras)	Hastināpura	Sameta Śikhara
19.	Malli oder Mallī	Wasserkrug	Mathurā	Sameta Śikhara
20.	Munisuvrata	Schildkröte	Rājagṛha	Sameta Śikhara
21.	Nami	Blaue Lotusblüte	Mathurā	Sameta Śikhara
22.	Ariṣṭanemi oder Neminātha	Schneckenschale	Sauripura	Girnār
23.	Pārśva	Schlange	Vārāṇasī	Sameta Śikhara
24.	Mahāvīra	Löwe	Kuṇḍagrāma	Pāvāpurī

Wann die Idee einer Reihe von 24 Erlösern entstand, ist unklar, denn die Entwicklung lässt sich zumindest anhand der jainistischen Literatur nicht nachvollziehen. Auch im Buddhismus existiert die Vorstellung einer Reihe mythischer Vorgänger des historischen Buddha, die den Erlöser in eine lange Tradition stellen, um auf diese Weise den Ewigkeitsanspruch der Lehre zu verdeutlichen. Im *Saṃyuttanikāya* werden die Vorzeit-Buddhas erwähnt und im *Dīghanikāya* sind sechs Buddhas genannt, die dem historischen Buddha Siddhārtha Gautama vorausgingen, wobei jedoch nur die letzten drei dem gegenwärtigen Weltzeitalter angehören. Die spätkanonische Buddha-Chronik *Buddhavaṃśa* erweitert die Zahl der Vorgänger schließlich auf 24.

Die frühen jainistischen Kultstelen, die Abbildungen von vier stehenden Tīrthaṅkaras tragen, lassen vermuten, dass dem Konzept der 24 Tīrthaṅkaras eine Tradition von vier Jinas voranging, die später erweitert wurde. Im *Kalpasūtra* werden nur die Lebensgeschichten von vier Tīrthaṅkaras einigermaßen ausführlich geschildert. Dies sind neben Mahāvīra die Jinas Pārśva, Ariṣṭanemi und Ṛṣabha.

Jeder der vier erfüllt innerhalb der jainistischen Legendenwelt eine bestimmte Funktion. Als letzter Tīrthaṅkara des gegenwärtigen Zeitalters reformiert Mahāvīra die Mönchsregel seines Vorgängers und passt sie an die verschlechterten Bedingungen des absteigenden Zeitalters an. Pārśva hat damit die Funktion eines Ältesten (*sthavira*), auf dessen überlieferte Tradition Mahāvīra seine neue Regel stützen kann. Pārśvas Vorgänger Ariṣṭanemi, der Legende zufolge mit dem hinduistischen Gott Kṛṣṇa verwandt, verbindet die jainistische mit der brahmanischen Mythologie. Seine Einbeziehung kann als Versuch ausgelegt werden, die brahmanische Lehre der jainistischen unterzuordnen. Ṛṣabha schließlich erfüllt, ähnlich wie die brahmanischen Manus, die Funktion eines Stammvaters und lehrt die Menschheit die verschiedenen Künste und Handwerke.

Die Reihe der 24 Tīrthaṅkaras, deren Lebens- und Erlösungsweg stets in fast gleicher Weise verläuft und die in Form weitgehend identischer Kultbilder verehrt werden, stellt den Jainismus dabei in eine altindische Tradition, wonach die Heilslehre nicht der neuentdeckte Weg und das Ergebnis langjähriger Suche einer Einzelperson ist, sondern vielmehr verschiedene Lehren zusammenfasst, die ihrerseits auf die Wahrheitssuche zahlloser Asketen und Mystiker zurückgehen und von denen bereits die *Upaniṣaden* und die Epen berichten. Auch wurde vermutet, dass die Gründer oder Anführer konkurrierender Heilsbewegungen in die Reihe der 24 Tīrthaṅkaras aufgenommen wurden, wenn sie sich der jainistischen Lehre unterwarfen und ihre Anhänger dem Jainismus zuführten. Diese Reihe von unbekannten Suchern wird durch die Vorgänger Mahāvīras versinnbildlicht, deren Lebenswege in völliger Übereinstimmung verlaufen. Diese Gleichförmigkeit der Lebensgeschichten aller Tīrthaṅkaras darf jedoch nicht als phantasielose Vervielfältigung der ursprünglichen Mahāvīra-Legende fehlgedeutet werden. Vielmehr kommt in der Wiederholung der Lebensverläufe die Vorstellung einer mechanischen Ausführung der kosmischen Gesetze zum Ausdruck.

In diesem Sinne muss auch das stets gleichförmige Jina-Bild verstanden werden, das die 24 Tīrthaṅkaras mit identischem Äußeren abbildet und wiederholt. Die spätere jainistische Überlieferung berichtet dementsprechend nicht nur von den bereits aufgetretenen Jinas des gegenwärtigen Zeitalters, sondern nennt auch die Namen jener Jinas, die in einer fernen Zukunft das Wissen um die rechte Lehre erneuern werden. Die religionsgeschichtliche Entwicklung vom menschlich gedachten Religionsstifter hin zum vergöttlichten Jina, der als erster unter den Göttern (*devādideva*) über das Universum herrscht, erfolgt schrittweise. Im *Ācārāṅgasūtra* ist diese Idee noch nicht angelegt, im *Kalpasūtra* hingegen sind bereits alle 24 Jinas genannt, wenngleich die Schilderung ihrer Biographien noch recht unterschiedlich gewichtet ist.

Pārśva

Das Leben von Mahāvīras Vorgänger Pārśva wird im *Kalpasūtra* nur sehr knapp geschildert, wobei die Beschreibung schablonenhaft an die Biographie Mahāvīras angelehnt ist. Der künftige Tīrthaṅkara entsagte der Welt, nachdem er dreißig Jahre glücklich im elterlichen Palast gelebt hatte, erlangte nach intensiver Askese die Vollkommenheit und allumfassendes Wissen, erneuerte durch seine Predigt die wahre und reine Lehre und verschied nach einem Sterbefasten (*sallekhanā*) auf dem Berg Sammeta, wodurch er schließlich erlöst wurde. Der Überlieferung zufolge entstammte Pārśva dem Ikṣvāku-Geschlecht und war der Sohn von Aśvasena, dem König von Vārāṇasī, und dessen Gemahlin Vāmā, deren Name im *Kalpasūtra* jedoch nicht genannt wird. Seinen Namen erhielt Pārśva, nachdem seine Mutter vor der Geburt ihres Sohnes eine schwarze Schlange an ihrer Seite (*pārśva* ›Seite‹) entlang schlängeln sah, was von seinem Vater als Ausdruck jener Macht und Stärke interpretiert wurde, die bereits vom Embryo des künftigen Tīrthaṅkara ausging.

Neben der Überlieferung im *Kalpasūtra* wird die Pārśva-Legende in verschiedenen, zumeist späteren Werken der jainistischen Literatur behandelt. Eine ausführlichere Schilderung der Pārśva-Legende unter Berücksichtigung der zehn Vorexistenzen des künftigen Tīrthaṅkara findet sich nebst kürzeren Fassungen zunächst in Hemacandras Werk zur jainistischen Weltgeschichte und wird darüber hinaus in Bhāvadevas

Pārśvanāthacaritra sowie Padmasundaras *Pārśvanāthakāvya* behandelt. Diese in Sanskrit verfassten Texte enthalten zahlreiche Angaben, die im *Kalpasūtra* fehlen, darunter kleinere Details wie etwa den Namen und die Herkunft von Pārśvas Gemahlin Prabhāvati, der Tochter von König Prasenajit von Kuśasthala, sowie ganze Episoden aus seinem Leben als Prinz vor der Weltflucht.

Die besondere Bedeutung der Pārśva-Legende liegt jedoch weniger in der Lebensgeschichte des Tīrthaṅkara, sondern vielmehr in der ausführlichen Schilderung seiner zehn Vorexistenzen, beginnend bei den beiden Brüdern Marubhūti (Pārśva) und Kamaṭha, deren Feindschaft durch den Brudermord Kamaṭhas ausgelöst wird und deren Rivalität sich über zahlreiche Existenzen hinzieht, wobei Marubhūti stets nach Erlösung sucht. Während Kamaṭha als ewiger Widersacher durch sein schädliches Verhalten immer tiefer sinkt, kann Marubhūti religiöses Verdienst ansammeln, indem er die fortwährenden Angriffe seines Bruders erduldet, und wird als Tīrthaṅkara schließlich erlöst. Zuvor gelingt ihm noch die Bekehrung seines als Dämon Kamaṭha wiedergeborenen Bruders. Diese anscheinend jüngeren und daher im *Kalpasūtra* nicht berücksichtigten Vorgeburtsgeschichten erfreuten sich in den Laiengemeinden großer Beliebtheit, weshalb einige Episoden später zum häufig wiederholten Sujet der Miniaturmalerei wurden und in zahlreichen Handschriften des *Kalpasūtra* den Abschnitt der Pārśva-Legende illustrieren.

Ariṣṭanemi

Ähnlich kurzgefasst wie die Lebensgeschichte Pārśvas wird im *Kalpasūtra* die Ariṣṭanemi-Legende erzählt. Der 22. Tīrthaṅkara wurde in Śaurikapura als Sohn von König Samudravijaya und dessen Gemahlin Śivā geboren. Seine besondere Bedeutung für die jainistische Mythologie liegt vor allem in seiner Verwandtschaft mit dem hinduistischen Gott Kṛṣṇa, doch auch die Verknüpfung seiner Lebensgeschichte mit dem Pilgerzentrum auf dem Gipfel des Berges Girnār dürfte der Grund für seine besondere Beliebtheit unter den jainistischen Laienanhängern in Gujarat sein.

Über die Beweggründe der Jinas, der Welt zu entsagen und als Wanderasketen in die Hauslosigkeit zu ziehen, weiß die Jina-Legende in der Regel nichts zu berichten und unterscheidet sich dadurch von der Buddha-Legende, die bekanntlich drei Ausfahrten des Prinzen Siddhārtha aus dem väterlichen Palast als Schlüsselerlebnis angibt. Der künftige Buddha begegnet dabei jeweils einem Kranken, einer Totenprozession und einem Asketen, was ihn zu dem Entschluss treibt, der Welt zu entsagen, um den Kreislauf der Wiedergeburten zu überwinden. Dem Jina ist hingegen durch die Bindung eines besonderen Karmas die Weltentsagung vorbestimmt, ohne dass es hierfür eines besonderen Anstoßes oder Ereignisses bedarf. Eine Besonderheit bildet daher die Episode von Ariṣṭanemis geplanter Heirat mit Rājīmatī, wo ein weltliches Erlebnis die Weltentsagung des Prinzen herbeiführt und seine Motivation dazu erläutert. Auch diese Erzählung ist nicht im *Kalpasūtra* überliefert, sondern findet sich in ihrer vermutlich frühesten Fassung im *Uttarādhyayanasūtra* und wird später von Hemacandra ausführlich erzählt. Die Episode beginnt hier mit dem Vorhaben des Prinzen Keśava (d. i. Kṛṣṇa), seinen Vetter Ariṣṭanemi mit der Königstochter Rājīmatī zu verheiraten. In Devendras Kommentar zu diesem Kapitel wird ergänzend berichtet, wie Kṛṣṇa den zögernden Ariṣṭanemi zur Hochzeit überredet, indem er erklärt, dass alle künftigen Tīrthaṅkaras zuerst geheiratet und Söhne gezeugt hätten und erst nach Erfüllung ihrer familiären Pflicht in die Hauslosigkeit gezogen seien. Ariṣṭanemi stimmte der Hochzeit schließlich zu und begab sich auf einem Elefanten reitend zum Palast seiner künftigen Braut. Auf dem Weg passierte der Prinz ein Gehege mit vielen furchtsamen Tieren und erkannte, dass diese getötet werden sollten. Auf die eingesperrten Tiere angesprochen, erklärte ihm sein Wagenlenker, dass diese unglücklichen Tiere für das Hochzeitsmahl bestimmt seien. Voller Mitgefühl beschloss der Prinz, an Ort und Stelle der Welt zu entsagen, und gab dem Wagenlenker all seinen Schmuck; im selben Moment stiegen die Götter vom Himmel herab und feierten das freudige Ereignis.

Ṛṣabha

Von besonderer Bedeutung ist schließlich die Lebensgeschichte Ṛṣabhas, der als erster Tīrthaṅkara des gegenwärtigen Weltzeitalters häufig als Ādinātha (›erster Herr‹) bezeichnet wird. Seinem Namen wird im *Kalpasūtra* stets der Zusatz »Arhat aus Kośalā« (Prakrit: *arahā kosalie*) angefügt, was auf seine Herkunft aus der Herrscherfamilie dieses Königreiches verweist. Der Überlieferung nach wurde Ṛṣabha als Sohn von Nābhi, dem Herrscher von Kośalā und letzten der Stammväter (*kulakara*), und dessen Gemahlin Marudevī in der Hauptstadt Ayodhyā geboren. Im *Kalpasūtra* wird berichtet, dass er seinen Namen erhielt, nachdem seine Mutter beim Herabstieg in ihren Leib in Abweichung der üblichen Reihenfolge als erstes Traumbild einen Stier (*ṛṣabha*) schaute.

Das Auftreten des ersten Tīrthaṅkara fällt in eine Übergangszeit, die geprägt ist durch den Verfall der Lebensqualität, da die mythischen wunscherfüllenden Bäume (*kalpavṛkṣa*) den Lebensbedarf der Menschen nicht mehr in ausreichendem Maße befriedigten. In dieser schwierigen Zeit erschienen 15 Stammväter (*kulakara*), zu denen in der Überlieferung der

Śvetāmbaras auch der erste Tīrthaṅkara Ṛṣabha gerechnet wird, und lehrten die Menschen in den schlechter werdenden Zeiten verschiedene Künste und Fertigkeiten, darunter Schreiben, Arithmetik und die Kunst der Weissagung. Auch die Gesetze wurden von den *Kulakara* eingeführt. Der erste Jina ist somit nicht nur der mythische Gründer bzw. Erneuerer der religiösen Lehre, sondern auch der wichtigste Kulturbringer innerhalb der jainistischen Weltgeschichte.

Die Ṛṣabha-Legende in der Fassung des *Kalpasūtra* ist, wie schon bei Pārśva und Ariṣṭanemi, weitestgehend an die Lebensgeschichte Mahāvīras angelehnt und baut sich auf um die fünf segensreichen Momente (*kalyāṇa*). Anders jedoch als bei seinen Nachfolgern, wo diese Ereignisse in jeweils identischer Mondkonstellation stattfanden, sind für die fünf *Kalyāṇa* im Leben Ṛṣabhas zwei verschiedene Konstellationen des Mondes überliefert: So fanden Empfängnis, Geburt, Weltentsagung und Erleuchtung im Zeichen der Uttarāśāḍhā statt, die Erlösung nach einem Sterbefasten (*saṃlekhanā*) auf dem mythischen Berg Aṣṭāpada hingegen im Zeichen Abhijit.

In der *Āvaśyakaniryukti* wird ergänzt, dass sich Ṛṣabha nach ausgedehnten Wanderungen, die ihn bis in das mythische ›Goldland‹ (*suvarṇabhumī*) führten, mit den Prinzessinnen Sumaṅgalā und Sunandā vermählte. In der jainistischen Tradition gilt Ṛṣabha als Stammvater des Ikṣvāku-Geschlechtes, dem mit Ausnahme der Tīrthaṅkaras Munisuvrata und Ariṣṭanemi alle Jinas des gegenwärtigen Zeitalters entstammen.

Als König von Kośalā zeugte Ṛṣabha hundert Söhne, die nach seiner Weltentsagung jeweils ein Königreich erhielten. Besondere Bedeutung erlangten dabei die erstgeborenen Bharata und Bāhubali, denen ein eigener Legendenzyklus gewidmet ist, die aber im *Kalpasūtra* noch keinerlei Erwähnung finden. Seine Gemahlin Sumaṅgalā gebar den Thronfolger Bharata, während Sunandā die Mutter von Bāhubalī war. Bharata und Bāhubali stritten miteinander, nachdem Bāhubali sich der Herrschaft seines Bruders nicht unterwerfen wollte. Bevor die Heere der verfeindeten Brüder aufeinandertrafen, kamen diese jedoch überein, sich alleine gegenüberzutreten. Dabei besiegte Bāhubali seinen Bruder in allen Disziplinen des Zweikampfes. Obwohl ihm als Sieger die Herrschaft zugestanden hätte, verzichtete Bāhubali, wurde Asket und verharrte während eines ganzen Jahres an einer Stelle stehend. Während dieser Zeit wurde er von Insekten gequält und von Schlingpflanzen umwuchert, erlangte aber schließlich die Allwissenheit. Diese Geschichte ist im *Kalpasūtra* nicht enthalten, wird aber von Hemacandra ausführlich erzählt. Auch sein Bruder Bharata wurde schließlich ein eifriger Förderer der jainistischen Lehre, verließ zum Ende seines Lebens seinen königlichen Palast und wurde zum Wanderasketen.

Die Verehrung Bāhubalis ist vor allem unter den südindischen Digambaras verbreitet. Besonders ausgeprägt ist die Verehrung Bāhubalis in Karnataka, wo ihm zu Ehren seit dem 9. Jh. zahlreiche Monumentalfiguren errichtet wurden, deren bekannteste der Gommaṭeśvara (›Herr des Hügels‹) von Śravaṇabeḷgoḷa sein dürfte. Unter den Śvetāmbaras ist Bāhubali zwar als wichtiger Heiliger anerkannt, doch erfährt er hier keine besondere Verehrung. Obwohl Bāhubali nicht den Status eines Jinas und Tīrthaṅkaras erhielt, wird er dennoch als solcher verehrt und in der Kunst auch als solcher abgebildet. Seine markanten Erkennungszeichen sind die Schlingpflanzen, die seinen Körper hüftabwärts umwachsen, und die Ameisenhaufen zu beiden Seiten.

II. Werden und Wachsen des Jainismus

Aufgrund der dürftigen Quellenlage ist es schwierig, die Formierung und frühe Entwicklung des Jainismus nachzuzeichnen. Insbesondere für die angenommene Entstehungszeit des Jainismus fehlen schriftliche und archäologische Quellen. Um die Umstände, die zur Gründung des Jainismus geführt haben könnten, dennoch einigermaßen zu rekonstruieren, muss die Forschung daher ersatzweise auf die literarische Überlieferung zurückgreifen. Diese ist jedoch mit Mythen und Legenden verwoben, weshalb sich das daraus ergebende Bild lückenhaft und geprägt von Unschärfe zeigt.

Während also die Rekonstruktion der Geschichte des frühen Jainismus schwierig ist, da es an verlässlichen Quellen fehlt, stellt die Geschichte des mittelalterlichen und neuzeitlichen Jainismus den Betrachter vor eine andere Problemlage. Hier zeigt sich eine starke Zersplitterung des Jainismus in zahlreiche Schulen und Gemeinden; eine gemeinsame jainistische Identität der Gläubigen hat vermutlich nicht existiert. Dies wiederum muss bei der Bewertung der Quellen aus dieser Epoche berücksichtigt werden, die eben nicht als Ausdruck des *einen* Jainismus interpretiert werden können, sondern deren Geltung teilweise auf einzelne Gruppen oder Gemeinden beschränkt ist. Die Vorstellung des Jainismus als einer Einheit ist daher gerade für diese Zeitspanne eine Konstruktion westlicher Betrachtung.

Die Anhänger der Jinas bezeichnen sich heute selbst als *Jain*. Das Wort ist eine moderne Bildung aus dem älteren Sanskritbegriff *Jaina* (›zum Jina gehörig‹), woraus im 19. Jh. die englische Bezeichnung *Jainism* entstand; aus ihr wiederum wurde der deutsche Name *Jainismus* abgeleitet. Wie sich die Anhänger der von den Jinas verkündeten Lehre ursprünglich nannten, ist nicht überliefert. Nach heutigem Wissen reicht der Begriff *Jaina* als Bezeichnung der Religionszugehörigkeit bis in das 7. Jh. zurück und entstand vermutlich aus einer fehlerhaften Übersetzung des älteren Prakritwortes *jaiṇa* (›schnell‹) in den Sanskritbegriff *jayana* (›siegreich‹), die schließlich von den späteren Autoren Jinabhadra und Hemacandra übernommen wurde.

Unter deutschsprachigen Indologen setzte sich seit dem 19. Jh. mehrheitlich die Bezeichnung *Jinismus* durch, die in Analogie zu *Buddhismus* aus dem Titel des Stifters gebildet wurde. Während hingegen die daraus abzuleitende Wortbildung *Bauddha* (›zum Buddha gehörig‹) als Benennung der Anhänger des Buddha unüblich ist, werden die Anhänger des Jainismus durchaus als Jainas bezeichnet. Obwohl aus philologischer Sicht also einiges für eine Benennung als *Jinismus* spricht, hat sich doch die Selbstbezeichnung der heutigen Anhänger ihrer Religion mit dem englischen Begriff *Jainism* eingebürgert und daher ist auch die deutsche Benennung *Jainismus* zu bevorzugen.

Anfänge

Den vorliegenden Quellen lässt sich entnehmen, dass die dem Jina zugeschriebene Lehre sich in einer Zeit entwickelte, die von einer pessimistischen Grundstimmung innerhalb der altindischen Gesellschaft und einer großen Furcht vor dem Tod geprägt war. Die Gründung größerer Städte führte zu gesellschaftlichen Umbrüchen und wachsender sozialer Ungleichheit. Das vedische Opferwesen, das nach damaliger Auffassung die Weltordnung stabilisierte, hatte als Instrument der Kontingenzbewältigung in Teilen der Bevölkerung an Kraft verloren. Stattdessen zogen Wanderprediger durch das Land, verkündeten ihre Heilslehren und scharten Anhänger um sich.

Anstelle des rituellen Opfers war ihr Erlösungsweg durch Weltentsagung und Askese gekennzeichnet. Ob die Figur des Jina Mahāvīra auf einen dieser Wanderprediger zurückgeht oder eine spätere Erfindung der jainistischen Literatur ist, lässt sich nicht mehr nachvollziehen.

Historisch gesehen entstand der Jainismus vermutlich um die Mitte des ersten vorchristlichen Jahrtausends als Asketenbewegung, deren Heilslehre sich der Vorherrschaft der Brahmanen, die über die Ausführung des vedischen Opferkultes wachten, entgegenstellte. Die jainistische Überlieferung erweckt den Eindruck, dass bereits vor Mahāvīras Lebzeiten ein Asketenorden von möglicherweise hohem Alter existierte, dessen Lehre Mahāvīra übernahm und reformierte und aus dem sich dann die jainistische »Urgemeinde« formierte. Diese Gemeinschaft war wohl anfangs nicht mehr als eine Gruppe wandernder Asketen, die, den Lehren ihres geistlichen Oberhauptes folgend, das altindische Königreich Magadha in der Gegend des heutigen Bihar im Nordosten des indischen Subkontinents durchwanderte. In dieser Region, wo etwa zur selben Zeit der Buddhismus entstand, lag der literarischen Überlieferung zufolge das Zentrum des frühen Jainismus. Einige Quellen berichten, dass Mahāvīra auf seinen Wanderungen durch Bihar auch Teile des südlichen und westlichen Bengalen streifte, doch im Wesentlichen bewegte er sich wie auch der Buddha nicht über die Grenzen dieser Region hinaus. Weder buddhistische noch jainistische Schriften erwähnen ein Zusammentreffen der beiden religiösen Führer, die sich der buddhistischen Literatur zufolge zunehmend als Konkurrenten empfanden und den direkten Kontakt anscheinend mieden. Mit den Fürstenfamilien Bihars pflegte Mahāvīra hingegen guten Kontakt und wurde in den großen Städten des Landes stets freundlich aufgenommen. Die Lehre Mahāvīras verbreitete sich auf diese Weise in den unterschiedlichsten Gesellschaftsschichten, und die Zahl seiner Anhänger nahm beständig zu. Dieses Gesamtbild lässt sich aus der überlieferten Literatur zeichnen, es ist jedoch weitestgehend nicht historisch belegbar. Die ältere jainistische Literatur berichtet weiterhin, dass zur Verwaltung des wachsenden Mönchsordens noch zu Lebzeiten Mahāvīras elf Anführer (*gaṇadhāra*) eingesetzt wurden, die nach seinem Tode zu »Kirchenvätern« und schließlich zu den ersten jainistischen Heiligen erhoben wurden. Mönche und Nonnen bildeten kleinere Gemeinschaften, von denen mehrere zu einem *Gaṇa* (›Schar‹) zusammengefasst wurden, wobei jeder *Gaṇa* von einem *Gaṇadhāra* (›Scharführer‹) angeführt wurde.

Zu welchem Zeitpunkt sich ein jainistischer Laienstand formierte, ist nicht überliefert. Es ist aber durchaus wahrscheinlich, dass dies bereits zu einem recht frühen Zeitpunkt geschah. Dabei ist zu berücksichtigen, dass die Versorgung wandernder Asketen durch die Bevölkerung eine etablierte Praxis war, auch ohne dass sich die Unterstützer als Anhänger des jeweiligen Asketen und seiner Lehre betrachteten. Die straffe Organisation des Asketenordens wird in der literarischen Überlieferung auf Mahāvīra zurückgeführt, der auf diese Weise die bruchstückhaft überlieferte Tradition seines Vorgängers fortführte und deren dauerhaften Fortbestand durch eine feste Ordnung für die Zukunft sicherte. Zu dieser Ordnung gehört zunächst die Struktur der jainistischen Gemeinde, die sich zusammensetzt aus Mönchen und Nonnen sowie aus männlichen und weiblichen Laien.

Aus historischer Sicht sind jainistische Laiengemeinden erst seit dem 1. Jh. v. Chr. in der weiter westlich gelegenen Region um die Stadt Mathurā fassbar. Die literarische Überlieferung der Śvetāmbaras enthält jedoch zahlreiche Verweise auf eine vierfache Gemeinde, bestehend aus Mönchen und Nonnen sowie männlichen und weiblichen Laien. Die im *Kalpasūtra* überlieferte Jina-Legende berichtet, dass Mahāvīra nach seinem Tod eine Gemeinde aus 14 000 Mönchen, 36 000 Nonnen und 159 000 männlichen sowie 318 000 weiblichen Laien hinterließ.

Die Umstände, die zur Gründung eines Nonnenordens führten, sind nicht überliefert. Dass Frauen allumfassendes Wissen und Erlösung erlangen können, wird von allen jainistischen Schulen gleichermaßen ausgeschlossen, weshalb die Einrichtung eines Nonnenordens zunächst einmal sinnlos erscheinen mag. Die Śvetāmbara-Tradition kennt jedoch zwei Ausnahmen von dieser Regel, nämlich Marudevī, die Mutter des ersten Jinas Ṛṣabha, und Mallī, den 19. Jina, der bei den Śvetāmbaras als zunächst weibliche Königin gedeutet wird, deren Geschlecht sich bei Erlangung der Allwissenheit jedoch umwandelte, so dass aus der Asketin Mallī ein männlicher Jina wurde. Dass diese beiden Frauen entgegen der allgemeinen Auffassung erlöst wurden, könnte als mythologische Grundlage für die Einrichtung des Nonnenordens gewertet werden. Dabei erinnert insbesondere Marudevī als Mutter des ersten Tīrthaṅkara an Mahāprajāpatī, die Ziehmutter des Buddha, die als Begründerin des buddhistischen Nonnenordens gilt.

Altertum (ca. 500 v. Chr. bis 500 n. Chr.)

Nach dem Tode Mahāvīras, so die Überlieferung, verbreitete sich die jainistische Lehre über die Grenzen Bihars hinaus zunächst nach Westen bis in die Region um Mathurā und nach Süden. Die singhalesischen Inselchroniken berichten, dass jainistische Mönche bereits vor der Ankunft buddhistischer Missionare in Sri Lanka lebten, was aus historischer Sicht jedoch als unwahrscheinlich gilt. Die Entwicklung des Jainismus im Altertum ist insgesamt geprägt von der missionarischen Verbreitung der Lehre sowie einer Verfestigung der Gemeindestrukturen, wozu zunächst und vor allem anderen die Herausbildung eines Laienstandes gehörte.

Neben den begüterten Laienanhängern scheinen die jainistischen Missionare dabei zunehmend auch die Unterstützung und das Wohlwollen der Fürsten und Könige genossen zu haben. Dass einzelne Herrscher dabei selbst zum Jainismus konvertierten, wird von jainistischer Seite zwar wiederholt behauptet, ließ sich jedoch in den seltensten Fällen tatsächlich belegen und erscheint mit Blick auf die Verstrickung des altindischen Königtums mit den brahmanischen Riten auch eher unwahrscheinlich.

In der Überlieferung der Digambaras wird der König Candragupta Maurya (um 340 – um 297 v. Chr.) als Anhänger des Jainismus genannt, ebenso dessen Enkel Aśoka (304–232 v. Chr.), der weite Gebiete des indischen Subkontinents zu einem Großreich einte und gemeinhin als Förderer des Buddhismus bekannt ist. Wahrscheinlicher ist aber, dass einige altindische Fürsten und Könige die asketischen Reformbewegungen gefördert haben, um ihrerseits den oftmals großen Einfluss der Brahmanen zu beschränken. Darauf deutet auch die Erwähnung der Jainas in einem Säulenedikt Aśokas hin, dessen Inhalt die Förderung verschiedener Religionen in seinem Reich belegt, darunter auch die der *Niggantha* (*Nirgrantha* ›Besitzlose‹), womit in der buddhistischen Literatur die Jainas benannt wurden.

Eine Ausnahme bildet möglicherweise Khāravela, der im 1. Jh. v. Chr. über das Königreich Kaliṅga im heutigen indischen Unionsstaat Orissa herrschte und in dessen Reich möglicherweise schon zu einem recht frühen Zeitpunkt jainistische Gemeinden existierten. Als Beleg dafür gilt eine Inschrift in der Elefantenhöhle (*hāthīgumphā*) in Udayagiri, die ihn als friedlichen Herrscher, Förderer der Mönche und der Religion ausweist, der Tempel instand setzen ließ und Angehörige aller

Glaubensrichtungen anerkannte. Dies entsprach durchaus dem Ideal eines jainistischen Herrschers, der in erster Linie der Wohltätigkeit gegenüber seinen Untertanen verpflichtet ist. Tatsächlich berichtet die Inschrift aber auch von seinen zahlreichen Eroberungszügen. Damit entsprach er wiederum dem altindischen Ideal des Weltherrschers (*cakravartin*), der dem Gebot zur Eroberung der Weltgegenden folgt. Den Jainas gilt Khāravela daher als Anhänger ihrer Lehre, möglicherweise sogar von Geburt an und nicht durch Konvertierung. Auch hier fehlen aber zeitgenössische Quellen, die eine Zugehörigkeit des Königs zum Jainismus eindeutig bestätigen.

Ebenso wie jede andere Religion unterlag auch der Jainismus seit seiner Gründung einem steten Wandel und musste sich den gesellschaftlichen und politischen Veränderungen anpassen. Dass dies nicht immer ohne Konflikte vonstattenging, belegen die zahlreichen Spaltungen der Gemeinde. Unter ihnen ist das sogenannte »große Schisma«, das den Orden in die Konfessionen der weiß gewandeten Śvetāmbaras und der nacktgehenden Digambaras spaltete, eines der nachhaltigsten Ereignisse in der jainistischen Geschichte. Vor diesem »großen« Schisma kam es bereits zu acht Spaltungen der Gemeinde; mit der Häresie des Jamāli, eines Schülers Mahāvīras, nahm der Zerfall der Urgemeinde seinen Anfang.

Der genaue Zeitpunkt des großen Schismas ist unbekannt, wird von der jainistischen Tradition aber in die Herrschaftszeit von Candragupta Maurya (reg. 322 – um 297 v. Chr.) verlegt. Śvetāmbaras und Digambaras führen jeweils unterschiedliche Gründe für die Spaltung an.

In der Überlieferung der Digambaras geht das Schisma zurück auf eine Hungersnot, die im 4. Jh. v. Chr. über zwölf Jahre in Magadha gewütet haben soll. Um dem Hungertod zu entgehen, wanderte eine Hälfte der jainistischen Gemeinde unter der Führung ihres Vorstehers Bhadrabāhu nach Süden, während die übrigen Mönche unter der Führung von dessen Schüler Sthūlabhadra in Magadha zurückblieben. Durch die Folgen der Hungersnot konnten die Mönche die ihnen auferlegte Ordensregel nicht mehr vollständig einhalten, sie änderten ihre Bräuche und bewahrten am Ende auch die heiligen Schriften nur noch unvollständig. Um wenigstens die Reste der ursprünglichen Überlieferung zu erhalten und neu zu ordnen, fand schließlich ein Konzil in Pāṭaliputra statt, dessen Ergebnis die aus dem Süden angereisten Mönche der Exilgemeinde Bhadrabāhus jedoch nicht anerkennen wollten. In ihren Augen war die ursprüngliche Überlieferung der Predigten und Lehrreden Mahāvīras verloren, und der neugeordnete Kanon galt ihnen als nicht authentisch. Hinzu kam, dass die Schüler Sthūlabhadras den von Mahāvīra eingeführten Brauch des Nacktgehens aufgegeben hatten und sich stattdessen in weiße Mönchsroben kleideten. Die Anhänger Bhadrabāhus hatten hingegen das Nacktgehen zur verbindlichen Mönchsregel erhoben und empfanden das Tragen von Gewändern als Bruch mit der Tradition. Diese Erklärung für die Spaltung wird von den Digambaras bis heute vertreten. Überliefert ist diese Geschichte u. a. in der *Bhadrabāhucarita* des Ratnanandin, einem verhältnismäßig späten Text, der erst im 15. oder 16. Jh. niedergeschrieben wurde. Nach dieser Erzählung entstanden die Śvetāmbaras nicht unmittelbar aus der ursprünglichen Gemeinde (*mūlasaṅgha*), sondern vielmehr aus der Sekte der ›halbbedeckten [Asketen]‹ (*ārdhapālika* oder *ārdhapālaka*), deren Anhänger möglicherweise bereits in der Kunst von Mathurā abgebildet sind.

Aus historischer Sicht erscheint es jedoch eher als unwahrscheinlich, dass der gemäß Überlieferung von Mahāvīra eingeführte Brauch des Nacktgehens die ältere und ursprüngliche Tradition gewesen sei, die von den Śvetāmbaras aus Bequemlichkeit aufgegeben wurde.

Wahrscheinlicher ist hingegen, dass der Brauch des Nacktgehens in der Anfangszeit des Jainismus als besonders verdienstvoll, nicht aber als verbindlich angesehen wurde. Dass die Asketen ursprünglich Mönchsroben trugen, kann auch aus der vorliegenden Literatur abgeleitet werden, denn hier ist verzeichnet, dass bereits die Anhänger der Lehren Pārśvas, des mythischen Vorgängers Mahāvīras, das Tragen von Gewändern erlaubten. Dies kann als eine metaphorische Umschreibung gedeutet werden, nach der die Mahāvīra zugeschriebene Lehre eine Verschärfung der älteren Asketentradition enthält, die wiederum in Gestalt des mythischen Vorgängers Pārśva dargestellt ist. In diesem Sinne spiegelt die Tradition der Digambaras nicht die ursprüngliche Vorschrift zur jainistischen Askese, sondern ist vielmehr eine besonders strenge Auslegung dieser Regeln. Diese Uneinigkeit über die erlaubte Bekleidung der Mönche hat nach Vorstellung der Digambaras schließlich zur Spaltung der Urgemeinde in die beiden Konfessionen der Śvetāmbaras und der Digambaras geführt.

Die Überlieferung der Śvetāmbaras verbindet die Spaltung der Gemeinde hingegen mit Śivabhūti, der 609 Jahre nach dem Tode Mahāvīras im nordindischen Rathavīrapura die als häretisch empfundene *Boḍiyāṇa*-Lehre durchzusetzen versuchte, wonach der von Mahāvīra eingeführte Brauch absoluter Besitzlosigkeit einschließlich des Nacktgehens der Mönche als verbindliche Vorschrift wiedereinzuführen sei. Diese Legende ist in einem Kommentar (*vṛtti*) zum *Uttarādhyayanasūtra* enthalten, der 1123 von dem Mönch Devendra verfasst wurde. Dort wird berichtet, wie Śivabhūti, der sich zuvor selbst ordiniert hatte, während einer Unterweisung über die Mönchsregel mit seinem Lehrer in einen Streit über die Ausrüstung der Mönche geriet. Demnach waren zwei unterschiedliche Bräuche bekannt: Asketen empfingen die gespendete Nahrung entweder in einer Bettelschale oder in der bloßen Hand; entsprechend unterteilten sie sich jeweils in bekleidete und unbekleidete Asketen. In der Legende wird angemerkt, dass die strengere Lebensweise nicht mehr in Gebrauch sei und im Übrigen auch nur von jenen ausgeübt werden solle, die keine Ausrüstung bräuchten, da sie auch ohne jeglichen Besitz die religiöse Vorschrift einhielten und daher den Jinas gleich seien.

Śivabhūti erwiderte darauf, dass er sich der wahren Lehre absoluter Besitzlosigkeit unterziehen werde, und verließ den Orden. Er ordinierte zwei Schüler und erlaubte seiner Schwester, die sich ihnen anschloss und anfangs selbst nackt ging, schließlich die Verhüllung des Körpers, um sie vor Übergriffen beim Bettelgang zu schützen. Obwohl sich die Gruppe Devendras Kommentar zufolge nach einem Streit zwischen den beiden Schülern anscheinend auflöste, betrachten die Śvetāmbaras die Lehren Śivabhūtis dennoch als ursächlich für die Entstehung der Digambaras, die in dieser Legende weniger als Bewahrer der ursprünglichen Lehre dargestellt sind, sondern stattdessen als religiöse Eiferer erscheinen.

In Dharmasāgaras späterer Fassung dieser Legende wird dann auch berichtet, dass Śivabhūti fortan nach seiner Lehre lebte und diese von seinen zwei Schülern fortgeführt wurde. Dem Text ist weiterhin zu entnehmen, dass die Praxis des Nacktgehens bereits von Jambūsvāmi, einem der frühen Gemeindeführer, aufgegeben wurde und die Mönchsausrüstung, die bis dahin nur aus einem Feger (*rajoharaṇam*) und einem Mundtuch (*mukhavastrikā*) bestanden hatte, erweitert wurde. Dies lässt wiederum vermuten, dass die Erzählung erst zu einem viel späteren Zeitpunkt ersonnen wurde, um das längst vollzogene Schisma zu erklären.

Aus literaturgeschichtlicher Sicht ist festzustellen, dass Śivabhūti als Stifter der Digambaras schon allein deshalb ausscheidet, weil deren Überlieferung keinerlei Hinweis auf die Person oder auf das Ereignis selbst enthält. Denkbar wäre auch, dass bereits in der Urgemeinde beide Traditionen nebeneinander bestanden. Unterschiedliche Bekleidungsbräuche der Anhänger von Pārśva und Mahāvīra werden bereits in den kanonischen Schriften der Śvetāmbaras besprochen. So fragen sich im *Uttarādhyayanasūtra* zwei Asketenschüler, die noch der alten Lehre Pārśvas anhängen, ob ihre Mönchsregel oder die Mahāvīras die rechte sei, denn obwohl der eine (Mahāvīra) jegliche Kleidung verbot und der andere (Pārśva) ein Unter- und Obergewand erlaubte, erreichten doch beide schließlich die Erlösung.

Vermutlich hat es einen gewalttätigen Konflikt innerhalb der Urgemeinde gegeben, der zu einer Spaltung führte. Entsprechende Legenden entstanden wohl erst zu einem späteren Zeitpunkt, als beide Seiten sich bereits entfremdet hatten. Anders als in der Legende geschildert, wird die Spaltung der Gemeinde daher kein plötzliches Ereignis, sondern vielmehr ein langsam fortschreitender Prozess gegenseitiger Entfremdung gewesen sein, der vornehmlich im Norden Indiens stattfand, wo beide Konfessionen lange Zeit nebeneinander bestanden.

Als eine Art Einigungsversuch zwischen den verfeindeten Hauptströmungen kann die Gründung der Yāpanīya-Gemeinde im 2. Jh. aufgefasst werden. Diese Gruppe versuchte durch die Einführung eines ausgewogenen Mittelweges die Positionen der Digambaras und der Śvetāmbaras zusammenzuführen. So wurde zwar das Nacktgehen praktiziert, gleichzeitig aber auch Frauen die Erlösungsfähigkeit zugesprochen. Die Yāpanīya-Bewegung war vor allem in Südindien verbreitet und verschwand im 14. Jh., vermutlich indem sie mit den Digambaras verschmolz.

Einzelne Digambara-Gemeinden haben sich vor allem in Rajasthan bis in die heutige Zeit erhalten, während die Mehrheit der Jainas im nördlichen Indien heute den Śvetāmbaras angehört. Im südlichen Indien dominierten hingegen seit frühester Zeit die Digambaras. Nach der endgültigen Spaltung existierten Śvetāmbaras und Digambaras anscheinend noch eine Weile relativ friedlich nebeneinander. Die Spannungen zwischen beiden Konfessionen eskalierten wohl erst zu einem späteren Zeitpunkt, was sich insbesondere in der jainistischen Kunst niederschlug, wo spätestens seit dem 5. Jh. die Bildnisse der Digambaras von denen der Śvetāmbaras deutlich unterschieden werden können.

Mittelalter (ca. 500 bis 1500)

Während des indischen Mittelalters durchlief der Jainismus tiefgreifende Veränderungen und erfuhr Reformen, die zu einem Wandel der religiösen und kulturellen Vorstellungen der Laien wie auch der Mönche und Nonnen führten. Der Jainismus des Mittelalters ist nicht mehr identisch mit der jainistischen Urgemeinde oder der Religion des indischen Altertums. Er wird vor allem durch das sich entfaltende Tempelwesen geprägt, wobei jainistische Tempel in Gujarat nicht vor dem 10. Jh. errichtet wurden. Bis zu diesem Zeitpunkt wird die Region des heutigen Unionsstaates Gujarat im nördlichen Indien neben dem südindischen Karnataka zum wichtigsten Zentrum des Jainismus und bleibt dies bis in die Gegenwart. Während in Karnataka Digambaras die Mehrheit bilden, ist der Jainismus in Gujarat weitestgehend geprägt von den Śvetāmbaras.

Zum Ende der Herrschaft der Gupta-Dynastie im 6. Jh. verlagerte sich das Zentrum des Jainismus von Mathurā weiter nach Westen in das heutige Gujarat. Zu welchem Zeitpunkt die jainistische Lehre sich in Gujarat verbreitete, ist unbekannt, doch entwickelte sich das westliche Indien spätestens im Mittelalter zu einem bedeutenden Zentrum der Śvetāmbaras. Nach deren Überlieferung soll bereits Ariṣṭanemi, der 22. Jina und Vorgänger Pārśvas, in Gujarat gewirkt haben, nachdem zuvor bereits Ṛṣabha, der erste Jina des gegenwärtigen Zeitalters, hier die erste jainistische Wallfahrtstätte auf dem heiligen Berg Śatruñjaya eingerichtet hatte, die später auch von Mahāvīra aufgesucht worden sein soll.

Historisch lässt sich die Ausbreitung des Jainismus vom überlieferten Ursprungsland Bihar in Richtung Westen nur bruchstückhaft nachvollziehen. Bis in das 5. Jh. existierten jainistische Gemeinden in der Gegend um Mathurā. Die Stadt war zu jener Zeit ein wichtiger Handelsplatz, an dem sich mehrere Handelsrouten kreuzten, und gleichzeitig ein bekanntes Zentrum der Kṛṣṇa-Verehrung. Die besondere Bedeutung, die dieser Ort für die Jainas hatte, kommt unter anderen in der Verknüpfung der Mythen um den Jina Ariṣṭanemi mit der Kṛṣṇa-Legende zum Ausdruck.

Eine weitere Stätte früher jainistischer Religiosität und Gelehrsamkeit war die südwestlich von Mathurā gelegene Stadt Ujjayinī (Ujjain), das Zentrum der Region Māḷavā (Malwa) im heutigen Unionsstaat Madhya Pradesh. Schon in vorchristlicher Zeit soll Ujjayinī von zahlreichen jainistischen Lehrern und Heiligen aufgesucht worden sein, und in der Literatur der Śvetāmbaras ist der Ort mit der Herrschaft des mythischen Königs Gardabhilla verbunden, den der jainistische Mönch Kālaka mit Hilfe fremdländischer Heere vertrieb. Überliefert ist diese Legende in der *Kālakācāryakathā*, einer Erzählung, die vermutlich im späten 10. Jh. aufkam und in mehreren Fassungen überliefert ist. Allerdings konnten weder der Herrscher Gardabhilla noch die als *Sāhi* bezeichneten fremdländischen Eroberer historisch nachgewiesen werden.

Ob also die Missionierung Gujarats und insbesondere der Halbinsel Kathiawar in Ujjayinī ihren Anfang nahm, kann nur vermutet werden. Eine jainistische Legende berichtet in diesem Zusammenhang, dass Samprati, ein Enkel Aśokas, zur

Missionierung Gujarats eine Gemeinde aus 5000 Asketen von Ujjayinī zum heiligen Berg Śatruñjaya im Südosten der Halbinsel Kathiawar führte.

Spätestens im 6. Jh. existierten jainistische Gemeinden in Gujarat. Dies bezeugen die bronzenen Kultbilder eines Hortes, der um 1950 in Akota, einem westlichen Vorort von Vadodara (Baroda), entdeckt wurde. An einigen der bronzenen Kultbilder wurden Inschriften angebracht, die zwar nur selten ein genaues Datum enthalten, dafür aber paläographisch datiert werden können. Das älteste Stück des Hortfundes wurde demzufolge in der Zeit um 550 hergestellt. Dass insbesondere Kathiawar bereits sehr früh zu den wichtigen jainistischen Zentren gerechnet werden kann, belegt das bereits erwähnte Konzil in Valabhī im Osten der Halbinsel, auf dem der Überlieferung zufolge im 5. Jh. der Kanon der Śvetāmbaras seine endgültige Form erhielt.

Als prägende kulturelle Kraft ist der Jainismus in Gujarat jedoch erst mit der Herrschaft des Solaṅkī-Fürsten Siddharāja und seines Nachfolgers Kumārapāla historisch nachweisbar, die im 12. Jh. regierten.

Der Bedeutungszuwachs, den der Jainismus in dieser Zeit erfuhr, ging jedoch weniger von den Wanderasketen aus, sondern in erster Linie von den Laiengemeinden. Deren Mitgliedern war durch die Laiengelübde die Ausübung der meisten handwerklichen Tätigkeiten und vor allem der Landbau untersagt, so dass viele Familien von Handel und Geldverleih lebten. Die geographische Lage Gujarats, dessen Häfen wichtige Schnittpunkte auf den Handelsrouten nach Südarabien und Ostafrika bildeten, begünstigte den wirtschaftlichen Aufstieg insbesondere jener Familien, die Fernhandel betrieben. Vom wachsenden Wohlstand der jainistischen Gemeinden zeugt in erster Linie ein aufkommendes Stiftungswesen, das nicht mehr allein von Königen und Fürsten, sondern nun auch von reichen

Bürgern getragen wurde. Auf diese Weise entstand eine Vielzahl von Tempeln mit angeschlossenen Bibliotheken (*bhaṇḍhāra*) sowie Pilgerherbergen, die den Wanderasketen eine sichere Unterkunft auf ihren ansonsten gefahrvollen Wanderungen boten.

Die jainistische Lehre kannte ursprünglich wohl kein Tempelwesen. Religiosität bestand in dem rechten Lebenswandel, d. h. der Einhaltung der Mönchs- oder Laiengelübde. Dennoch scheinen die jainistischen Laiengemeinden das ursprünglich von den Hindus eingeführte Tempelwesen rasch übernommen zu haben, wobei die Ausführung der Rituale in den Tempeln Gujarats zumeist von angestellten Vaiṣṇavas (hinduistischen Anhängern des Gottes Viṣṇu) vollzogen wurde.

Neben dem eigenen wirtschaftlichen Erfolg erfuhren die Jainas jedoch auch königliche Unterstützung. So stiftete Mūlarāja I., der Begründer der Solaṅkī-Dynastie, der während des letzten Drittels des 10. Jh. regierte und selbst ein Anhänger des hinduistischen Gottes Śiva war, zahlreiche jainistische Tempel. Den vermutlich größten Anteil am kulturellen Aufschwung der jainistischen Kultur Westindiens hatte jedoch der gelehrte Mönch Hemacandra, der 1088 in Dhandhūka als Sohn eines Kaufmanns geboren wurde und schon als Kind dem Orden der Śvetāmbaras beitrat. Im Laufe seines Lebens verfasste er zahlreiche Schriften zu unterschiedlichen Themengebieten und erhielt aufgrund seines umfassenden Wissens den Ehrentitel ›Allwissender im gegenwärtigen Zeitalter‹ (*kalikālasarvajña*). Seine bekanntesten Werke sind das *Yogaśāstra* und die ›Biographien von 63 wichtigen Männern‹ (*Triṣaṣṭiśalākāpuruṣacaritra*). Es gelang Hemacandra der Überlieferung zufolge sogar, den Herrscher Kumārapāla zum Jainismus zu bekehren, woraufhin dieser sein Reich in einen jainistischen Musterstaat umzubauen begann und damit die Entwicklung Gujarats zum Zentrum der Śvetāmbaras förderte. Für diesen Herrscher verfasste Hemacandra das *Yogaśāstra* als Anleitung für die jainistischen Laienanhänger.

Der wachsende Wohlstand und die zahlreichen Tempelstiftungen führten auch zu nachhaltigen Veränderungen innerhalb des jainistischen Mönchsordens. Dessen Mitglieder sollten sich gemäß Lehre und Vorbild der Tīrthaṅkaras außerhalb der Regenzeit auf Wanderschaft begeben und nur für kurze Zeit an einem Ort verweilen. Zudem war der Aufenthalt in geschlossenen Ortschaften sowie in bestimmten Residenzstädten nur eingeschränkt erlaubt. Schon einige Schriften der kanonischen Literatur der Śvetāmbaras erwähnen aber als erlaubten Besitz der Mönche und Nonnen eine derart umfangreiche Ausrüstung, dass es kaum vorstellbar erscheint, dass mit solch großem Gepäck eine kontinuierliche Wanderschaft möglich war. Die Annahme liegt daher nahe, dass der Asketenorden bereits um die Mitte des ersten nachchristlichen Jahrtausends nur noch zu einem Teil aus Wandermönchen bestand, während ein anderer Teil seiner Mitglieder zumindest zeitweilig sesshaft war.

Einige Mönche scheinen das Wanderasketentum sogar gänzlich aufgegeben zu haben, denn seit dem 13. Jh. kommt es in Gujarat zu Auseinandersetzungen über die Abspaltung tempelbewohnender Mönche (*caityavāsin*), die sich Unterkünfte in der Nähe jainistischer Tempel verschafft hatten oder direkt in den Tempeln lebten und in den lokalen Gemeinden eine vorrangige Stellung einforderten. Möglicherweise hatte der Wohlstand der Laiengemeinden diese Entwicklung beflügelt, denn der Nachwuchs des Asketenordens wird in dieser Zeit auch aus den Mitgliedern vermögender Familien bestanden haben, denen zwar am Ansehen des Asketenstandes gelegen war, nicht aber an dessen Entbehrungen.

Immer wieder prägte die Auseinandersetzung mit anderen religiösen Lehren die Entwicklung des Jainismus. An die Stelle des Buddhismus, der im Altertum die stärkste Konkurrenz der jainistischen Gemeinden gebildet hatte, trat seit dem 8. Jh. im nordwestlichen Indien nun zunehmend der Islam, der die Jaina-Religion zugleich inspirierte und bedrohte. Im Süden näherte sich der Jainismus in seinen Gebräuchen hingegen immer mehr dem Hinduismus an.

Schon seit dem Altertum pflegten die Bewohner der indischen Westküste enge Handelsbeziehungen mit der arabischen Welt. Der arabische Historiker und Geograph al-Mas'ūdī (895–957), der um 926 den Nordwesten Indiens besuchte, berichtet darüber hinaus von zehntausend arabischen Händlern, die mit Erlaubnis der lokalen Fürsten an der indischen Westküste siedelten und sich mit Frauen einheimischer Familien verheirateten. In dieser Zeit scheint das Verhältnis der jainistischen Bevölkerung, die besonders vom Fernhandel profitierte, einerseits geprägt zu sein von friedlicher Nachbarschaft mit den muslimischen Geschäftspartnern, die in Indien nach ihren eigenen Gesetzen leben durften und ihre Religion ohne Einschränkung praktizieren konnten, aber andererseits auch von den Kriegszügen islamischer Eroberer aus Mittelasien, die das Land immer wieder durchzogen und dabei größere Zerstörungen hinterließen. Es ist jedoch anzunehmen, dass die Jainas durchaus zwischen den muslimischen Invasoren und den Geschäftspartnern gleicher Konfession zu unterscheiden wussten, denn die Handelsbeziehungen nach Arabien scheinen kaum unter den Raubzügen gelitten zu haben.

Die muslimische Eroberung Nordindiens vollzog sich während mehrerer Jahrhunderte und war der Überlieferung zufolge begleitet von fanatischer Bilderstürmerei und Plünderungen, wobei sich in Gujarat vor allem die Feldzüge 'Alā' ud-Dīn Khaljīs 1297/98 im Gedächtnis der Jainas erhalten haben, bei denen viele jainistische Tempel geschleift und die steinernen Kultbilder zerstört wurden. Ob die Zerstörungen tatsächlich so verheerend waren, wie in den Schriften überliefert, ist nach heutigem Wissen zu bezweifeln. In diesen Jahren sank aber dennoch der Einfluss des Jainismus auf die religiöse Kultur Gujarats. Viele Gemeinden waren nach den Plünderungen und Brandschatzungen der Muslime, bei denen viele Jainas ums Leben kamen, erheblich geschwächt und verloren weitere Mitglieder durch Bekehrung zum Islam. Historisch belegt ist die Bekehrung größerer jainistischer Gruppen zum Islam insbesondere für die weiter südlich gelegene Gegend um Bījāpūr, wo seit 1304 der arabische Missionar Pīr Mahābīr Khamdāyat wirkte.

Während die an die Tempel angeschlossenen Bibliotheken teils in geheimen unterirdischen Gewölben untergebracht waren, wo die Handschriften sicher vor dem Zugriff der muslimischen Plünderer verwahrt werden konnten, wurden die bronzenen Kultbildnisse häufig vergraben oder in den Fundamenten der Tempel verborgen. Einige dieser Horte wurden von den Besitzern nicht mehr geborgen, gerieten in Vergessenheit und wurden erst in jüngerer Zeit bei Ausgrabungen wiederentdeckt; so etwa die Funde von Lilvā-Devā, Vasantagaḍh, Ākoṭā, Tharād, Ghogha und Hansi.

Als Reaktion auf die Zerstörungen wurden anstelle von Tempeln nun zunächst vermehrt bewegliche Gegenstände wie Bronzefiguren und Handschriften gestiftet, die bei Gefahr versteckt werden konnten. Die Spender waren meist wohlhabende Bürger und kleinere Beamte, während der Tempelbau in erster Linie durch die Schenkungen der Herrscherfamilien finanziert wurde.

Durch die Begegnung mit dem Islam erhielt der Jainismus jedoch auch positive Impulse, die neue Strömungen in Kunst und Religion anregten. So steigerte sich die bereits vorhandene Wertschätzung von Buchwesen und Schriftlichkeit zu einem regelrechten Bücherkult, der schließlich in einigen jainistischen Gemeinden als Bücherverehrung den Bilderkult ersetzte. Auch die reformatorischen Ideen des Loṅkā Śāh und anderer Erneuerer dürften der Auseinandersetzung des Jainismus mit der islamischen Frömmigkeit entsprungen sein.

Neuzeit (ca. 1500 bis 1800)

Die Geschichte des Jainismus während der Neuzeit ist gekennzeichnet durch eine starke Zersplitterung in viele unterschiedliche Richtungen und Schulen. Die Neuordnung der Gemeindestrukturen, die im Mittelalter eingesetzt hatte, verfestigte sich bis zum Beginn der Neuzeit und blieb, von weiteren Abspaltungen und Neugründungen abgesehen, bis heute weitgehend unverändert.

Hinzu kamen nun jedoch Reformbewegungen, die den Jainismus neben der konfessionellen Spaltung in Śvetāmbaras und Digambaras zunehmend in bilderverehrende (*mūrtipūjaka*) und bilderfeindliche (*amūrtipūjaka*) Gruppen aufteilten. Vor allem innerhalb der Śvetāmbaras entstanden zahlreiche Bewegungen, die den Bilderkult durch das Studium der Schriften und die Unterweisung durch Lehrer ersetzten.

Die Śvetāmbaras können dabei in drei Hauptrichtungen, die bilderverehrenden Mūrtipūjaka-Gemeinden sowie die bilderfeindlichen Sthānakvāsī und Śvetāmbara-Terāpanthī, gegliedert werden. Die bilderverehrenden Śvetāmbara-Gemeinden sind darüber hinaus nach einem relativ einheitlichen System untergegliedert. Die kleinste Einheit bildet der *Saṅgha* (›Gemeinde‹), wobei dieser Begriff gelegentlich auch zur Umschreibung der Gemeinschaft aller Jainas (›Versammlung‹) verwendet wird. Die nächstgrößere Einheit ist das *Kula* (›Traditionslinie‹), wodurch die Angehörigen einer gemeinsamen Lehrtradition zusammengefasst werden. Mehrere *Kulas* sind in einem *Gaṇa* (›Schar‹) oder *Gaccha* (›Wander[gemeinschaft]‹) zusammengefasst, wobei *Gaṇa* die ältere Bezeichnung ist und bereits in der kanonischen Literatur erwähnt wird. In der älteren Literatur bildeten stets zwei *Kulas* einen *Gaṇa*, später war die Anzahl der in einem *Gaṇa* zusammengefassten *Kulas* hingegen nicht mehr festgelegt. Im modernen Jainismus wird die Kategorie *Kula* kaum noch verwendet. Zwischen *Kula* und *Gaṇa/Gaccha* gibt es noch die Kategorie *Śākhā* (›Zweig‹). Die mittelalterliche Literatur der Śvetāmbaras nennt eine festgelegte Zahl von 84 *Gacchas*, wobei deren tatsächliche Zahl stets schwankte. Eine vergleichbare Kategorisierung wird auch von den Digambaras angewendet.

Zu den wichtigsten *Gacchas* der bilderverehrenden Śvetāmbaras gehört der Kharatara Gaccha, der im 11. Jh. von Vardhamānasūri gegründet wurde. Vardhamānasūri lehnte die zu seiner Zeit übliche Lebensweise der tempelbewohnenden Asketen ab und strebte eine Reform der Mönchsdisziplin entsprechend der ursprünglichen Wanderaskese an. Der von ihm gegründete Orden trug zunächst den Namen *Vidhimārga* (›der Weg der [richtigen] Methode‹) und wurde erst später umbenannt in *Kharatara* (›Schärfe‹) *Gaccha*. Eine Besonderheit dieser Bewegung ist die Verehrung der Dādāgurus (›großväterliche Lehrer‹), einer Gruppe von vier Asketen, die zwischen dem 11. und 17. Jh. lebten und bis heute besonders unter frommen Laien hohes Ansehen genießen. Obwohl keiner dieser Asketen die Allwissenheit erlangt hat, erfahren sie eine ähnliche Verehrung wie die Jinas. Die Dādāgurus gelten dabei als Beschützer der Religion. Gleichzeitig werden ihnen Wundertaten nachgesagt, durch die sie zahlreiche Menschen zum Jainismus bekehren konnten. Heute ist der Kharatara Gaccha vor allem in Rajasthan und Mumbai ansässig.

Von ähnlicher Bedeutung ist der Tapā Gaccha, der im 13. Jh. von Jagaccandrasūri in der Stadt Chittor im südlichen Rajasthan gegründet wurde. Auch hier gab die nachlässige Mönchspraxis den Anlass zur Gründung; ihre schärfere Auslegung gab dem *Tapā* (›Askese‹) *Gaccha* seinen Namen. Im Verlauf des 16. und 17. Jh. zerfiel dieser *Gaccha* in zahlreiche Splittergruppen, wurde aber durch Reformbewegungen im 19. Jh., die vor allem vom Laienstand getragen wurden, wieder geeint und ist heute der zahlenmäßig größte aller *Gacchas*.

Zu den wichtigsten und nachhaltigsten Reformern gehörte Loṅkā Śāh, der vermutlich um die Mitte des 15. Jh. lebte. Er war der Gründer der nach ihm benannten Reformgemeinde Loṅkā Gaccha, auf die sich die im 17. und 18. Jh. gegründeten bilderfeindlichen Schulen der Sthānakvāsī und Śvetāmbara-Terāpanthī zurückführen. Über sein Leben ist nur wenig bekannt. Vermutlich entstammte er einer wohlhabenden Kaufmannsfamilie aus Rajasthan und verfügte über gute Beziehungen zum muslimischen Hof in Ahmedabad. Lumpāka, wie er auch genannt wird, studierte die Schriften des Śvetāmbara-Kanon und empfand deren Inhalt als starken Widerspruch zum Tempelwesen und den gängigen Ritualen der jainistischen Laiengemeinden. Vermutlich unter dem Einfluss der vom Islam vertretenen Ablehnung von Bildern im religiösen Kontext gründete er eine Reformbewegung, die auf den Bau von Tempeln verzichtete und die Tradition des reinen Asketenordens neu zu beleben versuchte. Der Loṅkā Gaccha ging später weitestgehend in den Schulen der Sthānakvāsī und der Śvetāmbara-Terāpanthī auf, jedoch besteht in der Gegend um Vadodara (Baroda) bis heute eine Gemeinde von Anhängern Loṅkā Śāhs, die ihre Wurzeln unmittelbar auf dessen Erneuerungsbewegung zurückführt.

Die Sthānakvāsī gehören zu den bilderfeindlichen Bewegungen innerhalb der Śvetāmbaras. Die genauen Umstände, die zur Gründung dieser Reformbewegung führten, sind nicht überliefert. Es scheint aber wahrscheinlich, dass sich die Sthānakvāsī im 17. Jh. aus einer Gruppe des zerfallenden Loṅkā Gaccha entwickelten. Unsicher sind auch Herkunft und Bedeutung der Bezeichnung des Ordens. Möglicherweise leitet sich der Name von den Aufenthaltsräumen (*sthānaka*) der Mönche ab, die von den Laienanhängern zur Unterweisung und Meditation aufgesucht wurden. Die Bezeichnung scheint sich jedoch erst im 19. Jh. durchgesetzt zu haben. Seit dem späten 19. Jh. fördert der Orden in besonderer Weise wohltätige Zwecke und die Bildung seiner Anhänger. Die *Sthānakvāsī* sind neben Gujarat vor allem im Punjab verbreitet.

Ebenfalls zu den bilderfeindlichen Bewegungen gehört die Reformbewegung der Śvetāmbara-Terāpanthī, die 1760 von dem Sthānakvāsī-Mönch Bhīkhanji gegründet wurde. Bhīkhanji, der später unter dem Namen Ācārya Bhikṣu bekannt wurde, hatte den *Sthānakvāsī*-Orden nach Streitigkeiten über die Mönchsdisziplin und die Rolle der Laienanhänger gemeinsam mit vier weiteren Mönchen verlassen. Die von ihm gegründete Bewegung stützte sich auf den ›dreizehnfachen Pfad‹ (*terāpantha*) Mahāvīras, der namensgebend wurde und aus den fünf großen Mönchsgelübden (*mahāvrata*), den fünf Achtsamkeitsregeln (*samiti*) und der dreifachen Selbstbeherrschung (*gupti*) besteht. Die fünffache Achtsamkeitsregel verlangt nach besonderer Umsicht beim Gehen, Sprechen, Essen und im Umgang mit den erlaubten Gerätschaften sowie der Sorgfalt beim Entsorgen der Körperausscheidungen. Die dreifache Selbstbeherrschung verlangt die Kontrolle von Körper, Geist und Sprache. Der Orden der Śvetāmbara-Terāpanthī legte besonderen Wert auf das Studium der Schriften und die Unterweisung der Laien. Diese wiederum betrachteten Mönche und Nonnen als Vorbild und verehrten sie teilweise als Heilige.

Kolonialzeit und Gegenwart (seit ca. 1800)

Durch die britische Kolonialherrschaft verlor der Jainismus die Anbindung an die politischen Eliten, die während der Sultanats- und Mogulzeit den Wohlstand der Gemeinden gesichert hatten. Allerdings waren die jainistischen Gemeinden auch keinen nennenswerten Einschränkungen ausgesetzt. Der Jainismus war im 19. Jh. vor allem geprägt von der Begegnung mit der westlichen Kultur. Dies geschah zunächst durch das britische Kolonialreich, aber zum Ende des Jahrhunderts auch durch zaghafte Missionsversuche in Europa und Nordamerika. Diese waren weniger auf eine Konversion zur Jaina-Religion ausgerichtet, sondern können als eine frühe Form des interreligiösen Dialogs verstanden werden, dessen Ziel vor allem ist, den Jainismus im Westen bekannter zu machen.

Unter dem zunehmenden Druck christlicher Missionierung im britisch-indischen Kolonialreich entstanden weitere Reformbewegungen, die durch Erneuerung eine Neubelebung der traditionellen Glaubensvorstellungen anstrebten. So wurde 1893 die All India Digambara Jain Conference gegründet, zu deren Zielen eine Vereinigung der in unzählige Sekten und Schulen zersplitterten Jainas gehörte, um sich so besser gegen Konkurrenzdruck und intellektuelle Angriffe von Hindus, Muslimen und christlichen Missionaren zu behaupten.

Im 20. Jh. entstehen dann zahlreiche jainistische Diaspora-Gemeinden in Afrika, Europa und Nordamerika. Da jainistische Mönche und Nonnen nur zu Fuß reisen dürfen, waren diese Gemeinden als reine Laiengruppen vom Mönchsorden zunächst weitgehend abgeschnitten. Die religiöse Praxis der Jainas in der Diaspora war daher über längere Zeit weitgehend getragen von den Ritualen des Laienstandes. Um dem entgegenzuwirken, gründete der geistliche Führer der Śvetāmbara-Terāpanthī im Jahre 1980 den Terāpanth-Samaṇ-Orden, dessen Mitgliedern die Nutzung von Transportmitteln und das Reisen erlaubt war. Auf diese Weise konnten die überwiegend weiblichen Ordensmitglieder, die sogenannten Samaṇīs, auch jene Gemeinden außerhalb Indiens aufsuchen und deren Mitglieder unterweisen und geistig begleiten. Gleichzeitig unterrichten seither einige Samaṇīs an westlichen Universitäten und machen auf diese Weise den Jainismus in Europa und Nordamerika zunehmend bekannter.

Eine der ersten Deutschen, die sich der jainistischen Lebensweise mit einer gewissen Sympathie annäherte und tiefen Einblick in die jainistischen Gemeinden erhielt, ohne jedoch offiziell zum Jainismus überzutreten, war die Indologin Charlotte Krause, die seit 1925 in Indien lebte und forschte. Charlotte Krause stand in enger Verbindung mit den wichtigsten Jaina-Gelehrten ihrer Zeit und begleitete schließlich eine Gruppe jainistischer Mönche auf einer mehrmonatigen Wanderung durch Indien. Ihre überwiegend in englischer Sprache verfassten Publikationen richteten sich neben der indologischen Fachwelt auch an eine außeruniversitäre Öffentlichkeit und trugen auf diese Weise zur allgemeinen Kenntnis über die Jaina-Religion bei.

Im deutschsprachigen Raum blieb die Beschäftigung mit dem Jainismus hingegen bis weit in das 20. Jh. der akademischen Indologie und Religionswissenschaft vorbehalten. Erste Versuche, die Kenntnis über den Jainismus in eine breitere Öffentlichkeit zu tragen, unternahm der deutsche Germanist Lothar Wendel, der in den 1950er Jahren als Lehrer für deutsche Sprache an einer Schule des Birla Education Trust in Pilani (Rajasthan) tätig war und dort mit dem Jainismus in Berührung kam. Mit Unterstützung der World Jain Mission Aliganj gründete er 1951 die Champat Rai Jain Library im heutigen Bonner Stadtteil Bad Godesberg, die als Begegnungsstätte indischer (insbesondere jainistischer) Kultur mit dem Westen gedacht war, allerdings nach einigen Jahren wieder geschlossen wurde.

Da eine Konversion zum Jainismus in der Regel nicht vorgesehen ist, gibt es jedoch nur vereinzelt westliche Anhänger des Jainismus. Jainistische Zentren und Tempelbauten im Westen werden daher fast ausschließlich von Angehörigen der Diaspora-Gemeinden betrieben. Seit der zweiten Hälfte des 20. Jh. kam es zur Gründung jainistischer Gemeinden außerhalb Indiens; die zahlenmäßig stärksten Gemeinden befinden sich in den Vereinigten Staaten (ca. 50 000). In Europa bildeten sich Gemeinden in Großbritannien und später auch in Belgien (zusammen ca. 30 000). In Deutschland leben nur wenige Familien, die dem Jainismus angehören, es bestehen daher keine Gemeindestrukturen.

Die Veränderungen durch die globalisierte und zunehmend digitalisierte Gesellschaft des beginnenden 21. Jh. treffen auch den Jainismus. Die Nutzung des Internets und hier vor allem der sozialen Netzwerke führt zu starken Veränderungen des religiösen Lebens und auch der Gemeindestrukturen. Die Vernetzung schwächt gelegentlich die Bindung einzelner Gläubiger an die lokale Gemeinschaft, gleichzeitig gibt sie den Diaspora-Gemeinden die Möglichkeit einer engeren Verbindung mit den jainistischen Gemeinden in Indien und ermöglicht dem Jainismus als Minderheitsreligion insgesamt eine stärkere öffentliche Präsenz und Wahrnehmung.

Trotz der Auseinandersetzungen und Streitigkeiten unter den Religionen der Welt war das 20. Jh. in religionsgeschichtlicher Hinsicht auch von einem zunehmenden Dialog der unterschiedlichen Glaubenstraditionen geprägt. Diese Bewegung nahm ihren sichtbaren Anfang im Parlament der Weltreligionen, das 1893 erstmals in Chicago zusammenkam und auch dem Jainismus in Gestalt des bereits erwähnten Abgesandten Virachand Gandhi eine Sichtbarkeit in der westlichen Welt ermöglichte.

Die Reise Virachand Gandhis wurde einerseits als ein Erfolg gewertet, zeigte aber andererseits, wie isoliert der Jainismus war. Dies ergab sich u. a. aus dem Reiseverbot für Asketen, das es den geistlichen Führern und Lehrern unmöglich machte, mit den Vertretern anderer Religionen außerhalb Indiens in Kontakt zu treten und den Jainismus dort bekanntzumachen. Es liegt nahe, dass dies auf Dauer auch den jainistischen Geistlichen nicht behagte, insbesondere jenen, die Reformen befürworteten und einen Anschluss des Jainismus an den aufkommenden Dialog der Religionen suchten. Daher ist der wohl nachhaltigste Reformschritt, den der Jainismus im 20. Jh. vollzog, die Überwindung des Reiseverbotes, das im Falle des Terāpanth-Samaṇ-Ordens theologisch untermauert, wenngleich nicht unumstritten war. Andere Reformer wie etwa Chitrabhanu oder Sushil Kumar setzten sich über das Reiseverbot hinweg und riskierten damit einen Bruch mit der jainistischen Gemeinschaft. Chitrabhanu hatte nach seinem Studium die Mönchsweihe empfangen und als Muni Candraprabhasāgara viele Jahre in Abgeschiedenheit und Meditation verbracht, bevor er 1970 zur Teilnahme an der Spiritual Summit Conference in Genf eingeladen wurde. Um an diesem Treffen von spirituellen Lehrern und religiösen Führern unterschiedlichster Glaubensrichtungen teilnehmen zu können, verließ Candraprabhasāgara den Mönchsorden und wurde Laienanhänger (*śrāvaka*). Später übersiedelte er in die Vereinigten Staaten und gründete nach der Heirat mit seiner ehemaligen Schülerin Pramodā in New York das Jain Meditation International Center, das heute über zahlreiche Niederlassungen im ganzen Land verfügt.

Forschungsgeschichte

Die wissenschaftliche Beschäftigung mit dem Jainismus begann zu Beginn des 19. Jh. und war zunächst die Domäne britischer Offiziere und von Mitarbeitern der britischen Kolonialregierung. Erste Beschreibungen des Jainismus wurden 1807 in einer Ausgabe der *Asiatic Researches* der Asiatic Society of Bengal publiziert und enthielten neben der wegweisenden Studie von Henry Thomas Colebrooke auch Arbeiten von Francis Buchanan-Hamilton und Colin Mackenzie. Während Colebrooke sich vorwiegend mit schriftlichen Quellen der Jainas befasste, stützen sich die Arbeiten von Mackenzie und Buchanan-Hamilton auf Beobachtungen und Informationen von Angehörigen jainistischer Gemeinden in Südindien und beschreiben die Situation der Jaina-Religion zu Beginn des 19. Jh. in dieser Region. Die Erforschung schriftlicher Quellen der indischen Religionen durch Colebrooke, der in diesem Sinne auch als einer der Begründer der akademischen Indologie gilt, stieß auch in Deutschland auf reges Interesse und führte wenig später zur Einrichtung erster Lehrstühle für Sanskritstudien in Bonn (1818) und Berlin (1825). Die Erforschung jainistischer Textquellen begann in Deutschland um die Mitte des 19. Jh. durch Albrecht Weber, der im Jainismus jedoch keine eigenständige Religion, sondern vielmehr eine buddhistische Häresie erkannte. Damit folgte er der Einschätzung von Colebrooke, der in den Jainas anfangs eine hinduistische Sekte vermutete und später die Auffassung vertrat, der Jainismus sei eine Untergruppe des Buddhismus. Erst gegen Ende des 19. Jh. erkannte Hermann Jacobi, dass der Jainismus trotz Ähnlichkeiten mit dem Buddhismus ein eigenes religiöses System darstellt.

Zwischen der zweiten Hälfte des 19. Jh. und der Mitte des 20. Jh. entwickelte sich die Erforschung jainistischer Textüberlieferung schließlich zu einem wichtigen Teilgebiet der deutschsprachigen Indologie. Zu den frühen Überblickswerken gehört das mehrbändige *Jaina-Onomasticon* von Johannes Klatt, von dem jedoch nur ein kleiner Teil in den Druck ging. Im Gegensatz zu den archäologischen Erkundungen britischer und französischer Forscher blieb die deutschsprachige Indologie über lange Zeit eine rein philologisch ausgerichtete Disziplin, und nur wenige ihrer Vertreter haben die Länder Südasiens jemals selbst bereist. Bis zum Beginn des 20. Jh. galt dies auch für die Jainismus-Forschung.

Um die für die philologische Forschung notwendigen Quellen bereitzustellen, entstanden in der zweiten Hälfte des 19. Jh. umfangreiche Sammlungen jainistischer Handschriften. Die größte und bedeutendste Sammlung im deutschsprachigen Raum befindet sich in der Staatsbibliothek zu Berlin, kleinere Sammlungen jainistischer Handschriften werden in der Bayerischen Staatsbibliothek in München, dem Berliner Museum für Asiatische Kunst und dem Rautenstrauch-Joest-Museum in Köln aufbewahrt.

In der ersten Hälfte des 20. Jh. entstanden schließlich erste Überblickswerke zum Jainismus, darunter auch erstmals solche Werke, die sich an eine interessierte Leserschaft jenseits der zuständigen Fachdisziplinen richteten. Im deutschsprachigen Raum sind dies beispielsweise die Arbeiten von Helmuth von Glasenapp und Walther Schubring. Nach dem zweiten Weltkrieg ging das Interesse am Jainismus innerhalb der deutschen Indologie langsam zurück. An der Universität Hamburg forschen Walther Schubring und Ludwig Alsdorf zum Jainismus, später beschäftigte sich Klaus Bruhn als einer der wenigen deutschsprachigen Indologen mit der jainistischen Kunstgeschichte.

Die Erforschung des Jainismus durch westliche Wissenschaftler:innen blieb nicht ohne Folgen für den Jainismus, denn einige der erzielten Ergebnisse wurden in die jainistische Theologie integriert. Dies betrifft vor allem die Erforschung der Geschichte des Jainismus, der sich nun selbst als eine der ältesten Religionen der Menschheit betrachtete, da der angenommene Gründer Mahāvīra lange vor Jesus und der Gründung der christlichen Kirchen gewirkt hatte.

In diesem Sinne wurden die Ergebnisse der westlichen, vornehmlich philologischen Forschung von den geistlichen Lehrern aufgegriffen und an geeigneter Stelle in das jainistische Lehrgebäude eingefügt. Neben der Einbettung des Jainismus in die westliche Geschichtsschreibung war vor allem die Herausgabe und Übersetzung der älteren Literatur von Bedeutung. Die Kenntnis der Prakritsprachen, in denen die kanonische Literatur und teilweise auch die zugehörigen Kommentare verfasst waren, hatte am Ende des 19. Jh. auch unter den gelehrten Mönchen nachgelassen, der Zugang zu diesen Werken war damit auch für die Jainas selbst deutlich erschwert. In dieser Situation leistete die westliche Forschung einen Beitrag zum Erhalt dieses alten Wissens.

III. Literatur und Überlieferung

Der Jainismus hat eine umfangreiche Literatur hervorgebracht, deren Werke meist von gelehrten Mönchen und in verschiedenen indischen Sprachen verfasst wurden. Die Jainas glauben, dass eine literarische Überlieferung der Lehre jedoch nicht erst mit den Verkündungen des Jina Mahāvīra begann, sondern dass bereits die Lehren seiner Vorgänger in Form heiliger Schriften bewahrt wurden. Später geriet diese Überlieferung beim zyklischen Niedergang der Religion in Vergessenheit, bis der nächste Jina erschien und die Lehre erneut verkündete. Durch den Ewigkeitsanspruch, den die Jainas dem Lehrgebäude zuschreiben, blieb der Inhalt bei der erneuten Verkündung im Grunde weitgehend unverändert. Aus historischer Sicht ist diese Vorstellung nicht haltbar, da die Vorgänger als mythische Figuren gesehen werden und auch Mahāvīra historisch nicht belegt ist. Eine sichere Datierung der ältesten Schriften ist nach heutigem Wissensstand nicht möglich, doch es gilt als unwahrscheinlich, dass die überlieferten Texte weiter zurückreichen als in das 3. Jh. v. Chr.

Zur Arbeit an den Schriften nutzten die Mönche im alten Indien die Regenzeit, während der sie ihre Wanderung unterbrachen. Im Mittelalter gaben schließlich zahlreiche Asketen die Wandertätigkeit auf, um sich vollständig dem Studium der Schriften und der Schöpfung eigener literarischer Werke widmen zu können. In dieser Zeit wuchs die jainistische Literatur in kurzer Zeit um ein Vielfaches und durch die Stiftungen wohlhabender Laien wurden Bibliotheken zur Bewahrung der Handschriftensammlungen eingerichtet.

Die ältere Literatur der Jainas wird aus theologischer Sicht in kanonische und nachkanonische Werke unterteilt.

Die *kanonische Literatur* ist in Prakrit verfasst und behandelt in erster Linie die Mönchsregel sowie damit verbundene

Fragen der Ethik und des rechten Lebenswandels. Zu dieser Gruppe zählen einige der ältesten Schriften der Jainas. Daneben bildete sich recht früh eine Erzählliteratur heraus, die neben Legenden auch Hagiographien und Bekehrungsgeschichten umfasst und gelegentlich auch Motive der zeitgenössischen buddhistischen und brahmanischen Literatur aufgreift. Diese Werke erläutern in anschaulicher Weise die eher theoretisch anmutenden Ausführungen zur Ethik und Mönchsdisziplin.

Die *nachkanonische* oder *nichtkanonische Literatur* ist geprägt von ihrer thematischen Vielfalt und umfasst zunächst einmal die Kommentare zur kanonischen Literatur. Bis in das 7. Jh. wurden diese Kommentare in Prakrit verfasst, seit dem 8. Jh. dann in Sanskrit. Die nachkanonische Literatur des Mittelalters und der frühen Neuzeit wendet sich zunehmend an die Laienanhänger. So werden nun beispielsweise die Verhaltensregeln für die Gläubigen niedergeschrieben und es entstehen Andachtsbücher zur Unterstützung der Verehrungspraxis. Daneben entstehen in größerem Umfang Romane, Dramen und Werke der Dichtung. Vermutlich unter dem Einfluss des Islam werden nun auch kosmologische Themen stärker behandelt. Die Entstehung dieser frühneuzeitlichen Literatur wurde vor allem im westlichen Indien (Gujarat und Rajasthan) begünstigt durch die rasch anwachsende Manuskriptkultur.

Diese in der philologischen Forschung bis heute angewandte Kategorisierung in kanonische und nachkanonische Literatur der Jainas mag auf den ersten Blick vereinfachend und unbefriedigend erscheinen, da im Grunde nur zwischen einer »ursprünglichen«, mehr oder weniger »authentischen« Überlieferung und deren späterer Kommentierung und weiterführender Rezeption unterschieden wird. Diese Unterteilung spiegelt jedoch zum einen die philologische Ausrichtung der Jainismus-Studien wider, die sich über einen langen Zeitraum auf die altindische und mittelalterliche Epoche konzentrierte, und reflektiert zum anderen die vor allem im 19. Jh. verbreitete Vorstellung einer kanonischen Sammlung heiliger Schriften als Maßstab und grundlegende Voraussetzung sogenannter »Hochreligionen«, wozu auch der Jainismus gerechnet wurde. Die Autorität der kanonischen Überlieferung ist zumindest innerhalb der Śvetāmbara-Gemeinden weitestgehend unbestritten. Ein Blick auf die jainistische Literatur der frühen Neuzeit, einer Epoche, die von sektiererischen Bewegungen innerhalb des Jainismus geprägt ist, von denen jede eine Fülle eigener literarischer Werke hervorbrachte, wirft die Frage auf, ob eine Kategorisierung vor diesem Hintergrund überhaupt sinnvoll wäre.

In der zweiten Hälfte des 19. Jh. bildet sich schließlich die *moderne Literatur* des Jainismus heraus und es kommt durch die nun auch in Indien weitverbreitete Technik des Buchdrucks zu einer regelrechten Flut an jainistischer Publikation, wobei seit Beginn des 20. Jh. vor allem die periodisch erscheinenden Magazine und Journale zu nennen sind. Diese moderne Literatur ist weniger gekennzeichnet durch bestimmte Inhalte, sondern vor allem durch ihre Reichweite und Verbreitung.

Die frühen Werke der Śvetāmbaras sind in den mittelindischen Prakritsprachen verfasst. Vermutlich sollte die Verwendung der im Alltag verwendeten Sprache in der Anfangszeit des Jainismus dessen Verbreitung unterstützen. Erst um die Mitte des ersten nachchristlichen Jahrtausends – zu diesem Zeitpunkt verstand die Bevölkerung die einstigen Volksdialekte schon lange nicht mehr – werden diese vom Sanskrit als Literatursprache abgelöst. Die Digambaras verwendeten dagegen für ihre Literatur schon wesentlich früher das altindische Sanskrit, das als eine Art »Gelehrtensprache« galt und dem Volk nicht mehr verständlich war. Spätestens im 12. Jh. war Sanskrit die gängige Literatursprache der Jainas, die in der folgenden Zeit jedoch zunehmend durch die jeweiligen Regionalsprachen abgelöst wurde. Seit dem 19. Jh. fand daneben auch die englische Sprache zunehmend Verwendung.

Die Literatur der Jainas vollumfänglich vorzustellen, ist aufgrund der schieren Masse in diesem Rahmen nicht möglich. Stattdessen wird in den folgenden Kapiteln eine Auswahl der wichtigsten Werke präsentiert, wobei der Schwerpunkt auf der älteren Literatur der Jainas liegt. Diese bildet für das Studium und Verständnis des Jainismus nach wie vor einen wichtigen Ausgangspunkt und moderne theologische Werke bauen zumeist auf den Grundlagen der älteren Literatur auf bzw. rezipieren diese Schriften.

Kanonische Literatur

Als *Kanon* bezeichnet man eine geschlossene Textsammlung, deren Inhalt als festgelegt und unveränderbar gilt. Im religiösen Kontext werden solche Textsammlungen häufig als »heilige Schriften« bezeichnet. Die Annahme in sich geschlossener und auf Dauer unveränderter kanonischer Schriften wird für die asiatischen Religionen jedoch seit geraumer Zeit hinterfragt. Das Fehlen zentral gelenkter kirchenartiger Strukturen führt zwangsläufig zu einem eher offenen Umgang mit kanonischer Überlieferung, deren Inhalt beispielsweise bei der Spaltung einer Gemeinde durchaus angepasst oder neu geordnet werden kann.

Der jainistische Kanon (auch: Śvetāmbara-Kanon) besteht je nach Zählung aus 45 bis 50 jeweils in sich abgeschlossenen Büchern. Gleichzeitig enthält die spätere jainistische Literatur verschiedene Listen mit den Titeln jener Schriften, die als verbindlich und somit *kanonisch* gelten. Diese Listen, die bis in das 13. Jh. zurückreichen, unterscheiden sich in der Anzahl der aufgeführten Werke, in den genannten Titeln und der Reihenfolge. Die kanonischen Schriften, die in diesen Listen verzeichnet sind, entstanden hingegen bereits mehrere Jahrhunderte früher, nämlich in einem Zeitraum um 200 v. Chr. bis etwa 400 n. Chr. Insofern gibt es zwar eine recht alte Sammlung heiliger Schriften, doch sind Zählung und Zusammenstellung teils uneinheitlich. Der Kanon der Jainas als ein in sich geschlossenes Ganzes ist in diesem Sinne vor allem eine westliche Projektion. Gleichzeitig ist die als kanonisch klassifizierte Literatur jedoch insgesamt die älteste erhaltene Textschicht, auch wenn dies nicht für jedes einzelne Buch des Kanons gleichermaßen gilt und in der nachkanonischen Literatur ebenfalls einige sehr alte Werke zu finden sind. Hinsichtlich seiner Entstehung ist der Kanon das Ergebnis einer sehr langen Entwicklung.

Die systematische Zusammenstellung der jainistischen Lehre begann nach heutiger Kenntnis bereits zu einem recht frühen Zeitpunkt. Allerdings ist keines dieser ersten und vermutlich noch mündlich tradierten Werke überliefert. Aus historischer Sicht lässt sich also keiner der erhaltenen jainistischen Texte mit Sicherheit dem Ordensstifter Mahāvīra selbst oder einem seiner Schüler zurechnen.

Der jainistischen Überlieferung zufolge haben jedoch die engsten Schüler Mahāvīras, die auch die Anführer der Gemeinden (*gaṇadhāra*) waren, die Lehre ihres Meisters in 14 Kapiteln zusammengefasst, die später als *Pūrva* (›frühe [Schriften]‹) bezeichnet wurden. Aus diesen Schriften und einigen Ergänzungen aus älteren Texten wurden schließlich die ersten zwölf Bücher (*aṅga* ›Glied‹) des Kanons geformt. Dabei wurden jene Fragmente, die als wortgetreue Verkündung Mahāvīras galten, im zwölften Buch zusammengefasst.

Bei der Bewahrung des frühen Schrifttums mangelte es aber offenbar an Sorgfalt, denn bereits um 300 v. Chr. stellte ein Konzil in Pāṭaliputra die unzureichende Überlieferung des

Lehrwerkes fest. Die Legende berichtet, dass daraufhin eine Abordnung jainistischer Mönche unter Führung des Mönches Sthūlabhadra nach Nepal reiste, um dort den jainistischen Mönch Bhadrabāhu aufzusuchen, der als einziger den Inhalt der *Pūrvas* kannte. Bhadrabāhu trug Sthūlabhadra die überlieferten Texte vor, verlangte aber, dass die letzten vier Kapitel nicht weitergegeben werden dürften. Die Legende berichtet weiter, dass diese unvollständige Fassung der *Pūrvas* noch über einige Generationen hinweg weitergereicht wurde, aber schließlich ebenfalls verloren ging.

Seine endgültige Fassung erhielt der Kanon schließlich durch die von den Śvetāmbara-Gemeinden einberufenen Konzile, die vermutlich im 5. Jh. in Valabhī und Mathurā stattfanden. Dabei wurden die erhaltenen und bis dahin mündlich überlieferte Texte neu geordnet und niedergeschrieben.

An die Stelle des verlorenen Kanons tritt bei den Digambaras eine Sammlung verschiedener späterer Schriften, die sich auf die vier Themengruppen Kosmologie, Weltgeschichte, Philosophie und Ethik verteilen und meist als *sekundärer Kanon* bezeichnet werden. Aus philologischer Sicht handelt es sich dabei jedoch nicht um eine vollkommen eigenständige Überlieferung. Stattdessen steht der Kanon der Digambaras in Abhängigkeit zur kanonischen Überlieferung der Śvetāmbaras. Unabhängig von diesem sekundären Kanon finden sich in den Werken der Digambaras aber auch Listen, in denen die Schriften des verlorenen Kanons aufgeführt sind, allerdings mit deutlichen Abweichungen gegenüber den Verzeichnissen der kanonischen Schriften der Śvetāmbaras.

Auch wenn die Bedeutung der kanonischen Literatur für den zeitgenössischen Jainismus zuweilen in Frage gestellt wird, ist der Śvetāmbara-Kanon dennoch ein wesentlicher Ausgangspunkt für die Beschäftigung mit der literarischen Überlieferung der Jainas.

Nach gängiger Zählung besteht der Kanon einschließlich des verlorenen zwölften *Aṅga* aus 46 Texten, die zusammengenommen als *Āgama* (›Tradition‹) oder *Siddhānta* (›Lehre‹) bezeichnet werden.

Zwölf ›Glieder‹ (aṅga)

Die zwölf ›Glieder‹ bilden den Kern des Kanons und gelten gleichzeitig als ältester Teil der jainistischen Literatur. Sie behandeln vor allem für den Asketenorden relevante Themen.

1. *Ācārāṅgasūtra* (Prakrit: *Āyāraṃgasutta*) ›Buch des richtigen Verhaltens [der Mönche]‹. Es gehört zur ältesten Überlieferung der Jainas und widmet sich in Form von Lehrgesprächen zwischen Meister und Schüler dem richtigen Lebenswandel der Mönche und Nonnen und den Verhaltensregeln innerhalb des Asketenordens. Besonders hervorgehoben wird das absolute Verbot, Lebewesen zu verletzen oder zu töten. Das zweite, jüngere Kapitel des *Ācārāṅga* enthält die früheste Lebensgeschichte Mahāvīras.
2. *Sūtrakṛtāṅga* (Prakrit: *Sūyagaḍaṃga*) ›Buch der geschaffenen Lehrsätze‹. Es widmet sich den Verhaltensregeln für Mönche und Nonnen und warnt die Asketen vor den »Irrlehren« konkurrierender Wanderprediger.
3. *Sthānāṅga* (Prakrit: *Ṭhāṇaṃga*) ›Buch der Eigenschaften‹. Ein Kompendium der wichtigsten Begriffe der jainistischen Lehre mit wichtigen Informationen zur jainistischen Philosophie. Es enthält auch ein Inhaltsverzeichnis des verschollenen *Dṛṣṭivāda* (12. *Aṅga*).
4. *Samavāyāṅga* (Prakrit *Samavāyāṃga*) ›Buch der Versamm-

lung‹. Fortsetzung und Zusammenfassung des *Sthānāṅga* mit Erklärungen zentraler Begriffe des jainistischen Lehrsystems und Angaben zur Weltgeschichte und Kosmologie.

5. *Bhagavatīvyākhyāprajñapti* (Prakrit: *Bhagavatīviyāpaṇṇatti*) ›Erhabene Belehrung mit Erklärungen‹. Das umfangreiche, häufig mit *Bhagavatī* (›Erhabene‹) abgekürzte Buch ist inhaltlich vielfältig und ist teils als Dialog zwischen Mahāvīra und seinem Schüler Indrabhūti Gautama angelegt. Es enthält eine ausführliche Darlegung der jainistischen Lehre und Kosmologie, zahlreiche Episoden aus dem Leben Mahāvīras sowie eine polemische Auseinandersetzung mit der konkurrierenden Lehre des Maṅkhali Gośāla, dem Gründer der Asketenbewegung der Ājīvika.
6. *Jñātādhārmakathāḥ* (Prakrit: *Nāyādhammakahāo*) ›Erzählung über das religiöse Wissen‹. Der nur fragmentarisch erhaltene Text erläutert im ersten Kapitel die jainistische Lehre anhand von Legenden und Parabeln. In der Liste der Vorgänger Mahāvīras wird mit Mallī ein weiblicher Jina genannt. Das zweite Kapitel erzählt die Geschichte der Hindu-Göttin Kālī aus jainistischer Perspektive.
7. *Upāsakadaśāḥ* (Prakrit: *Uvāsagadasāo*) ›Zehn [Kapitel über die] Gläubigen‹. Kulturhistorisch wichtige Sammlung von Bekehrungsgeschichten und Erzählungen über den richtigen Lebenswandel und die Pflichten der Laien, die eindrücklich die sozialen Gegebenheiten des alten Indien schildern.
8. *Antakṛtadaśāḥ* (Prakrit: *Aṃtagaḍadasāo*) ›Zehn [Kapitel über die zum] Ende Gelangten‹. Erzählungen über Asketen, die durch ihren vorbildlichen Lebenswandel alles anhaftende Karma vernichteten und so zur Erlösung gelangten.
9. *Anuttaropapātikadaśāḥ* (Prakrit: *Aṇuttarovavāiyadasāo*) ›Zehn [Kapitel über die Asketen, welche die] Himmel erlangt [haben]‹. Fortsetzung des *Antakṛtadaśāḥ* mit Erzählungen

über Asketen, deren frommer Lebenswandel ihnen eine Wiedergeburt als Gottheit in einem der Himmel sichert. Bemerkenswert ist eine jainistisch überformte Erzählung über den Hindu-Gott Vāsudeva Kṛṣṇa.

10. *Praśnavyākaraṇāni* (Prakrit: *Paṇhāvāgaraṇāiṃ*) ›Fragen und Erläuterungen‹. Eine dogmatische Erläuterung der Pflichten und Verbote unter besonderer Berücksichtigung der fünf Grundprinzipien des Jainismus.
11. *Vipākasūtra* (Prakrit: *Vivāgasuya*) ›Lehrsatz über das Ergebnis‹. Lehrgespräch zwischen Mahāvīra und seinem Schüler Indrabhūti Gautama, in dem die Wirkung des Karmas anhand von zwanzig Legenden über die Folgen guter und schlechter Taten erläutert wird. Auch dieser Text gibt kulturhistorisch wichtige Einblicke in die gesellschaftlichen und kulturellen Verhältnisse im alten Indien.
12. *Dṛṣṭivāda* (Prakrit: *Diṭṭivāya*) ›Geschaute Lehre‹. Verschollener, nur aus Referenzen in anderen Werken bekannter Text.

Zwölf ›Nebenglieder‹ (upāṅga)

Diese Bücher bilden eine Ergänzung oder Erweiterung der ›Glieder‹, wobei jedem *Aṅga* ein *Upāṅga* zugeordnet ist. Dabei besteht jedoch kein inhaltlicher Zusammenhang zwischen dem jeweiligen *Aṅga* und dem zugehörigen *Upāṅga*. Inhaltlich greifen die *Upāṅgas* einige der in den *Aṅgas* behandelten Themen auf und erläutern bzw. ergänzen diese u. a. durch beispielhafte Erzählungen.

13. *Aupapātika* (Prakrit: *Uvavāiya*) ›Erlangen einer Existenz‹. Enthält u. a. eine in die Erzählung über die erste Predigt Mahāvīras nahe der Stadt Campā gekleidete Zusammenfas-

sung des gesamten Lehrgebäudes des Jainismus. Bedeutsam ist außerdem eine ausführliche Beschreibung des Erscheinungsbildes Mahāvīras.

14. *Rājapraśnīya* (Prakrit: *Rāyapaseṇaijja*) ›Fragen des Königs‹. Die Bekehrungsgeschichte des altindischen Herrschers Prasenajit (Prakrit: Pāesi), der den Mönch Keśi über die Qualitäten der Seele befragte. Keśi, der vor der Geburt Mahāvīras lebte, war Schüler des 23. Jinas Pārśva.
15. *Jīvājīvābhigama* (Prakrit: *Jīvājīvābhigama*) ›Lehre vom Beseelten und Unbeseelten‹. Kategorisierung der verschiedenen Lebewesen, die die Welt bewohnen, und der geographischen Gegebenheiten ihres Lebensraums.
16. *Prajñāpanā* (Prakrit: *Paṇṇavaṇā*) ›Beschreibung‹. Dem Mönch Śyāma zugeschriebene, im 1. Jh. v. Chr. verfasste enzyklopädische Auflistung verschiedener Lebewesen und ihrer jeweiligen Eigenschaften.
17. *Sūryaprajñapti* (Prakrit: *Sūrapaṇṇatti*) ›Lehre über die Sonne‹. Eine der ältesten kosmologischen Schriften der Jainas mit einer Beschreibung der Gestirne.
18. *Jambūdvīpaprajñapti* (Prakrit: *Jaṃbuddīvapaṇṇatti*) ›Lehre über die Insel des Rosenapfelbaums‹. Ein weiteres frühes kosmologisches Werk mit Beschreibungen des Zentralkontinents *Jambūdvīpa* und der Weltzeitalter sowie Legenden über die mythischen Weltenherrscher und die Jinas.
19. *Candraprajñapti* (Prakrit: *Candapaṇṇatti*) ›Lehre über den Mond‹. Eine weitere Beschreibung des Monds und der Gestirne.

Die restlichen fünf *Upāṅgas* bildeten ursprünglich wohl ein zusammenhängendes Werk, in dem die jainistische Doktrin und der Wechsel der Wiedergeburten anhand der Lebensgeschichten von zehn Prinzen und ihren Söhnen, einer Sammlung von Bekehrungsgeschichten aus der Lebenszeit des 23. Jina Pārśva sowie der Bekehrung von zehn Prinzen der Vṛṣṇi-Dynastie durch den 22. Jina Ariṣṭanemi erörtert werden.

20. *Nirayāvalikāḥ* (Prakrit: *Nirayāvaliyāo*) ›Höllenreihen‹
21. *Kalpāvataṃsakāḥ* (Prakrit: *Kappavaḍiṃsiyāo*) ›Himmelsreihen‹
22. *Puṣpikāḥ* (Prakrit: *Pupphiāo*)
23. *Puṣpacūlikāḥ* (Prakrit: Pupphacūlikāḥ)
24. *Vṛṣṇidaśāḥ* (Prakrit: Vaṇhidasāo)

Chedasūtras

Die sechs *Chedasūtras* (Prakrit: *Cheyasutta*) enthalten vor allem Texte zur Mönchsdisziplin und geben Hinweise zum richtigen Lebenswandel der Mönche und Nonnen sowie zu Bußübungen nach sündhaftem Verhalten. Das Alter dieser Sūtras variiert erheblich; während das *Ācāradaśāḥ* zu den ältesten Teilen des Kanons gezählt wird, ist das *Mahāniśītha* mit seinen Anklängen an tantrische Praktiken und Zaubersprüche wahrscheinlich ein jüngerer Ersatz für einen verlorenen älteren Text.

25. *Ācāradaśāḥ* (Prakrit: *Āyāradasāo*)
26. *Bṛhatkalpa* (Prakrit: *Bihākappa*)
27. *Vyavahāra* (Prakrit: *Vavahāra*)
28. *Niśītha* (Prakrit: *Nisīha*)
29. *Mahāniśītha* (Prakrit: *Mahānisīha*)
30. *Jītakalpa* (Prakrit: *Jīyakappa*)

Mūlasūtras

Die vier *Mūlasūtras* (Prakrit: *Mūlasutta* ›Grundtexte‹) enthalten grundlegende Schriften, die vermutlich zur Einführung in die jainistische Lehre und am Anfang des Mönchslebens studiert wurden. Besonders hervorzuheben ist unter ihnen das *Uttarādhyayana*, das einige der ältesten Teile des Kanons enthält und auch von kunsthistorischer Bedeutung ist, denn es gehört neben dem *Kalpasūtra* zu jenen Texten, die im Westen Indiens besonders häufig, auch in Form illustrierter Handschriften, kopiert wurden.

31. *Daśavaikālika* (Prakrit: *Dasaveyāliya*)
32. *Uttarādhyayana* (Prakrit: *Uttarajjhayaṇa*)
33. *Āvaśyaka* (Prakrit: *Āvassaya*)
34. *Piṇḍaniryukti* (Prakrit: *Piṇḍanijjutti*)

Prakīrṇakasūtras

Die zehn ›verstreuten‹ Texte (Prakrit: *Paiṇṇasutta*) sind teils als Kunstdichtung verfasst und widmen sich verschiedenen Themengebieten. Das rituelle Sterbefasten (*sallekhana*) und entsprechende Anleitungen dazu nehmen breiten Raum ein (Sūtras 36–40, 43).

35. *Catuḥśaraṇa* (Prakrit: *Causaraṇa*)
36. *Āturapratyākhyāna* (Prakrit: *Āurapaccakkāṇa*)
37. *Bhaktaparijñā* (Prakrit: *Bhattaparinnā*)
38. *Saṃstāraka* (Prakrit: *Saṃthāraga*)
39. *Taṇḍulavaicārika* (Prakrit: *Tandulaveyāliya*)
40. *Candravedhyaka* (Prakrit: *Caṃdāvijjhaya*)
41. *Devendrastava* (Prakrit: *Devindatthaya*)

42. *Gaṇividyā* (Prakrit: *Gaṇivijjā*)
43. *Mahāpratyākhyanā* (Prakrit: *Mahāpaccakkhāṇa*)
44. *Vīrastava* (Prakrit: *Vīratthava*)

Cūlikasūtras

Die *Cūlikasūtras* (Prakrit: *Cūliyāsutta*) bieten Zusammenfassungen verschiedener Schriften des Kanons und eine enzyklopädische Übersicht über die jainistische Lehre.

45. *Nandī* (Prakrit: *Nandī*)
46. *Anuyogadvārāṇi* (Prakrit: *Aṇuogaddārāiṃ*)

Nach Meinung der Śvetāmbaras enthält der Kanon die gesamte jainistische Lehre und umfasst alle Bereiche des geistigen und weltlichen Lebens.

Die Sprache des Śvetāmbara-Kanons ist die mittelindische Ardhamāgadhī, die von den altindischen Grammatikern auch als *Ārṣa* (›Sprache der Ṛṣi‹) bezeichnet wurde und eine jüngere Stufe jenes Dialektes ist, in der vermutlich sowohl Mahāvīra als auch der Buddha gepredigt haben. Die nachkanonischen Schriften der Śvetāmbaras einschließlich der Kommentare zum Kanon sind hingegen in Māhārāṣṭrī (auch: Jaina-Māhārāṣṭrī) verfasst, einem westindischen Dialekt, der gelegentlich auch als Jaina-Saurāṣṭrī bezeichnet wird und in der Zeit vom 2./3. Jh. v. Chr. bis in das 8. Jh. gesprochen wurde. Sowohl die Ardhamāgadhī als auch Māhārāṣṭrī gehören zur Gruppe der mittelindischen Prakritsprachen, die ursprünglich wohl gängige Umgangssprachen der Bevölkerung waren, von den Dichtern aber später zu Kunstsprachen umgeformt wurden.

Die nachkanonischen Schriften schließen inhaltlich an den Kanon an, sind literaturgeschichtlich jedoch keine chronologische Fortschreibung. Die Kommentierung einzelner kanonischer Schriften begann bereits zu einem recht frühen Zeitpunkt. Zwischen kanonischer und nachkanonischer Literatur besteht daher keine klare Zäsur, beide Werkgruppen sind vielmehr zumindest an einzelnen Stellen chronologisch miteinander verzahnt.

Zur Exegese der kanonischen Schriften wurde eine große Zahl hierarchisch geordneter Kommentare verfasst. Dabei wurde der kanonische Text zunächst durch die *Niryukti* kommentiert, deren Tradition der Überlieferung zufolge auf den gelehrten Mönch Bhadrabāhu zurückgehen soll und die später durch eine weitere Kommentierung, die sogenannte *Bhāṣya*, ergänzt wurde; beide Gattungen sind in Prakrit verfasst. Im Mittelalter wurde das exegetische System schließlich um die auf Sanskrit verfassten Kommentierungen *Ṭīkā* und *Vṛtti* ergänzt. Zur Erläuterung der kanonischen Lehrtexte verwenden die Kommentare häufig Erzählungen und Legenden aus dem Leben der Tīrthaṅkaras, die zum Verständnis der kommentierten Schriften beitragen sollen. Dazu gehört beispielsweise die Kommentierung des gelehrten Mönches Devendra zum *Uttarādhyayanasūtra*, die mehrere bis dahin unbekannte Episoden der Pārśva-Legende enthält. Dabei ist anzumerken, dass die Kommentierung der kanonischen Schriften in recht unterschiedlicher Weise verlief. Manche Bücher wurden bereits früh durch entsprechende Kommentare ergänzt, andere erst zu einem späteren Zeitpunkt und für einige Texte wurden gar keine Kommentare verfasst.

Zu den besonders ausführlich kommentierten Schriften der Śvetāmbaras gehört das kanonische *Āvaśyakasūtra*, das in sechs Abschnitten die unerlässlichen (*āvaśyaka*) Pflichten der Mönche behandelt. Durch die umfangreiche Kommentierung des *Āvaśyakasūtra* entstand mit der sogenannten *Āvaśyaka*-Literatur schließlich eine literarische eigene Gattung, innerhalb derer die *Āvaśyakaniryukti*, die zahlreiche Legenden über das Asketenleben Mahāvīras enthält, von besonderer Bedeutung ist. Als Vorlage für die dort enthaltenen Legenden dienten den Kommentatoren vermutlich in erster Linie die Erzählungen der altindischen Volksliteratur, die der jainistischen Thematik angepasst wurden und auf diese Weise erhalten blieben.

Neben volkstümlichen Erzählungen adaptierten jainistische Autoren auch die Stoffe der beiden altindischen Epen *Rāmāyaṇa* und *Mahābhārata* und schufen dabei mehrere Fassungen, in denen meist fromme Jainas als Hauptfiguren agieren und auf diese Weise die jainistische mit der brahmanischen Mythologie verknüpfen.

Das *Rāmāyaṇa* berichtet von den Taten des Helden Rāma, dessen Gemahlin Sītā von einem Dämon entführt und mithilfe eines Affenheeres schließlich befreit werden kann; stets an der Seite Rāmas und ihm treu ergeben ist sein Bruder Lakṣmaṇa. In der hinduistischen Tradition wurde Rāma später zu einer Inkarnation des Gottes Viṣṇu umgeformt. Die jainistische Fassung machte aus dem tapferen und kämpferischen Königssohn Rāma hingegen einen frommen Jaina, dessen Gemahlin von Lakṣmaṇa befreit wird. Dieser führt all die blutigen Taten aus, die in der hinduistischen Fassung von Rāma selbst begangen werden, und muss dafür in der Hölle büßen, während Rāma der Welt entsagt und schließlich die Mönchsweihe empfängt. Das Affenheer besteht in der jainistischen Fassung aus himmlischen Wesen (*vidyādhara*), deren Banner ein Affe ziert. Die älteste und bekannteste jainistische Fassung des *Rāmāyaṇa* ist das in der mittelindischen Prakritsprache Māhārāṣṭrī verfasste *Padmacarita* (Prakrit: *Paumacarya* ›Lebensgeschichte des Padma‹) des Vimalasūri aus dem 3. Jh.; in dieser Geschichte wird Rāma auch *Padma* (›Lotusblume‹) genannt.

Als ein jainistisches Gegenstück zum *Mahābhārata* gilt insbesondere das im 13. Jh. entstandene *Harivaṃśapurāṇa* des Devaprabhasūri; eine ältere Fassung dieser Geschichte wurde bereits im 8. Jh. von dem Digambara-Mönch Jinasena verfasst. Der Titel *Harivaṃśa* (›Stammbaum des Hari‹) verweist auf den hinduistischen Gott Viṣṇu, der auch *Hari* genannt wird. Die Bezeichnung des Werkes als *Purāṇa* (›alte [Erzählung]‹) versucht eine Anknüpfung an die brahmanische *Purāṇa*-Literatur, die systematisch geordnet die Mythen der hinduistischen Götter erzählt. Das jainistische *Harivaṃśapurāṇa* verknüpft dabei die Geschichten um den Gott Kṛṣṇa, der im Hinduismus als eine Inkarnation Viṣṇus gilt, mit den Legenden um den 22. Jina Ariṣṭanemi. In der jainistischen Mythologie ist Kṛṣṇa der Cousin Ariṣṭanemis und diesem an Stärke unterlegen. Mit diesem erzählerischen Kunstgriff wurde anscheinend versucht, die brahmanische Lehre dem Jainismus unterzuordnen.

Um die Mitte des 8. Jh. begann jedoch mit den auf Sanskrit verfassten Kommentaren des Haribhadra die Ablösung der Prakrit-Sprachen, insbesondere des Māhārāṣṭrī als vorherrschender Literatur- und Kommentarsprache der Śvetāmbaras; bei den Digambaras setzte dieser Prozess bereits bedeutend früher ein. Ein Beispiel dafür ist das *Tattvārthasūtra* (auch: *Tattvārthādigamasūtra*) des gelehrten Mönches Umāsvāti (auch: Umāsvāmin), der vermutlich im 4. oder 5. Jh. lebte. Dieses Werk fasst das umfangreiche Wissen und die Lehrinhalte des Jainismus knapp und überblicksartig zusammen und orientiert sich weitgehend an der Lehrmeinung, die in den kanonischen Schriften überliefert ist. Es wird gelegentlich als eine jainistische Dogmatik verstanden und war wohl der Versuch, die innerhalb der kanonischen Literatur verstreuten Lehren zur Erkenntnistheorie und Kosmologie sowie Metaphysik und

Ethik in konzentrierter Form zusammenzufassen. Die Zugehörigkeit des Autors zu den Digambaras oder Śvetāmbaras ist umstritten; er wird von beiden Gruppen jeweils als einer der ihren beansprucht. In der Überlieferung der Digambaras gilt Umāsvāmin als Schüler des Philosophen Padmanandin, der nach dem Namen seines Geburtsortes im südindischen Karnataka besser als Kundakunda bekannt ist. Seine Lebensdaten sind unklar, doch gilt als wahrscheinlich, dass er im 3. oder 4. Jh. gewirkt hat. Der Überlieferung zufolge soll er 16 Bücher verfasst haben, die zu den wichtigsten Schriften der Digambara-Literatur gerechnet werden. Aus literaturgeschichtlicher Sicht gilt jedoch als wahrscheinlich, dass nur einige Teile dieser Werke tatsächlich auf ihn zurückgehen. Zu diesen gehört insbesondere das *Samayasāra*, das sich mit der wahren Natur der Seele befasst, sowie das *Niyamasāra*, in dem die rituellen Pflichten der Mönche behandelt werden.

Von Bedeutung sind schließlich auch die Schriften zur jainistischen Welt- oder Universalgeschichte. Die Fassung der Śvetāmbaras liegt in zwei vollständigen Versionen vor, von denen Hemacandras Schilderung der ›Biographien von 63 wichtigen Männern‹ (*Triṣaṣṭiśalākāpuruṣacaritra*) mit dem ›Ergänzungskapitel‹ (*Pariśiṣṭaparvan*) die bekanntere sein dürfte. Sie wurde im 12. Jh. auf Sanskrit verfasst und vom Autor selbst als ein Werk der großen Kunstdichtung (*mahākāvya*) bezeichnet. Welche Quellen Hemacandra während seiner Arbeit an diesem Werk im Einzelnen verwendete, ist unklar, doch scheint ihm das zweite bedeutsame Werk zur Weltgeschichte, das im 9. Jh. auf Māhārāṣṭrī verfasste *Cauppannamahāpurisacariya* des Śīlānka, nicht als Vorlage gedient zu haben. Beide Werke gehören zugleich zur biographischen Literatur (*carita*) der Śvetāmbaras, die Schriften über die Lebensläufe der Jinas und der jainistischen Heiligen enthält. Seit dem Ende des Mittelalters wurden zahlreiche Werke, die sich dem Leben und Wirken der Jinas widmeten, verfasst. Aus dieser Fülle an Dichtungen und Erzählungen entwickelte sich schließlich eine eigene literarische Gattung, die als *Carita* (›Taten‹ oder ›Erlebnisse‹) oder *Caritra* (›[rechtes] Betragen‹) bezeichnet, was meist als ›Lebenslauf‹ oder ›Biographie‹ übersetzt wird. Die *Caritras* berichten in erster Linie von den Jinas und den mythischen Herrschern und Helden der Vorzeit. Die Lebensläufe bedeutender Personen der späteren Zeit sind hingegen in den *Prabandhas* überliefert, die seit dem 13. Jh. vor allem in Gujarat verfasst wurden. Die Digambaras verwenden den Begriff *Purāṇa* (›alte [Erzählung]‹) anstelle von *Caritra* zur Bezeichnung ihrer biographisch-universalgeschichtlichen Schriften. Zu den bekanntesten Purāṇas der Digambara-Literatur gehören neben dem bereits besprochenen *Harivaṃśapurāṇa* vor allem das *Ādipurāṇa* des Jinasena aus dem 8. Jh. und das *Uttarapurāṇa* des Guṇabhadra aus dem 9. Jh., in denen die Lebensgeschichten der Jinas und weiterer mythischer Figuren verzeichnet sind.

Die jainistische Literatur des Mittelalters bediente sich in überwiegendem Maße des Sanskrits, bevor schließlich die modernen indischen Sprachen literaturfähig wurden. Die mittelalterliche Sanskrit-Literatur ist in sprachlicher Hinsicht jedoch eher von durchschnittlicher Qualität und häufig mit Lehnwörtern aus den Prakrit-Sprachen durchsetzt.

Aufgrund der bis heute unvollständigen Übersetzung der kanonischen und nachkanonischen Schriften ist die Beschäftigung mit der vormodernen jainistischen Literatur bis heute schwierig. Die unzureichende Übersetzungstätigkeit zumindest während der Anfangsphase im 19. Jh. war nicht zuletzt darin begründet, dass die jainistischen Gemeinden ihre Handschriftensammlungen dem Zugriff westlicher Forscher:innen verschlossen und somit eine kritische Ausgabe und Übersetzung der Schriften lange Zeit nicht möglich war. Anstelle einer geordneten Herausgabe der relevanten Texte, vergleichbar der

Edition des buddhistischen Pali-Kanon durch die Pali Text Society, orientierte sich die Herausgabe einzelner Schriften daher zunächst allein an der Verfügbarkeit der entsprechenden Handschriften. Viele der nachkanonischen Werke sind zudem nur in wenigen Fachbibliotheken vorhanden und daher auch in Übersetzung oft nur schwer zugänglich.

Den Übergang zum 20. Jh. markiert – angeregt durch die intensivere Begegnung mit westlichen Ideen und die Berücksichtigung der Ergebnisse westlicher Jainismus-Forschung in der jainistischen Theologie – eine Fülle an literarischen Werken, die sich nun nicht mehr nur mit den Lehr- und Glaubensinhalten, sondern in zunehmendem Maße auch mit der Geschichte des Jainismus befassten. Die von den westlichen Forscher:innen angenommene Geschichtlichkeit des Religionsstifters Mahāvīra wurde von gelehrten Mönchen aufgenommen, die ihrerseits nach historischer Wahrheit in der von Legenden geprägten Überlieferung suchten. Dabei flossen seit Beginn des 20. Jh. die Ergebnisse der philologischen Erforschung der jainistischen Literatur, die vorwiegend von westlichen Indologen erarbeitet wurden, in das theologische Weltbild der Jainas ein.

In der zweiten Hälfte des 20. Jh. näherte sich die jainistische Theologie zunehmend der westlichen Naturwissenschaft und versuchte, die überlieferten Glaubensvorstellungen mit moderner Wissenschaft zusammenzuführen. So wurde u. a. versucht, westliche Forschungsergebnisse etwa aus der Medizin mit Konzepten der klassischen jainistischen Philosophie in Bezug zu setzen. Beispielsweise deutete man die Entdeckung von Viren als einen Beleg für das in philosophischen Werken der Jainas entwickelte Konzept von unsichtbaren Kleinstlebewesen (*nigoda*).

IV. Weltverständnis, Ethik und Philosophie

Bereits vor der Herausbildung des Jainismus haben altindische Denker und Philosophen über den Sinn des Daseins und die Gesetzmäßigkeiten der Existenzen in der Welt spekuliert. Sie bildeten Theorien und verfassten umfangreiche Werke, ihre Erkenntnisse und Einsichten wurden diskutiert und verbreitet und es entstanden zahlreiche philosophische Schulen und Traditionen. Auf diesem Fundament stehen auch die jainistischen Denkschulen, die seit der Herausbildung des Jainismus eine unübersichtliche Fülle an philosophischen Abhandlungen und Traktaten hervorgebracht haben. Eine der bekanntesten, häufig herangezogenen Schriften ist das *Tattvārthasūtra* des gelehrten Mönchs Umāsvāti, der im 4. oder 5. Jh. lebte. Sein Werk ist der älteste erhaltene Text, der die jainistische Philosophie kompakt zusammenfasst und der gleichzeitig von allen Schulen und Richtungen des Jainismus als maßgebend anerkannt wird. Das *Tattvārthasūtra* erfüllt die Funktion einer ›Jaina-Dogmatik‹ und bietet einen Überblick über das in der kanonischen Literatur teils weit verstreute philosophische Wissen und die Lehrinhalte des Jainismus.

Der Erwerb von Wissen ist ein wesentlicher Bestandteil der jainistischen Lehre und gehört daher zu den Pflichten jedes Gläubigen, denn Wissen ermöglicht es dem Menschen, seine Stellung im Kosmos und im Geschehen seiner Umwelt zu begreifen. Dies versetzt ihn in die Lage, sein Handeln in einer solchen Weise auszurichten, die eine bessere oder zumindest gleichwertige Wiedergeburt ermöglicht und ihn schließlich in ferner Zukunft vielleicht die Erlösung erreichen lässt. Das höchstmögliche Ziel, das der Mensch im Leben erreichen kann, ist die Allwissenheit der Jinas, die etwa dem Erwachen (›Erleuchtung‹) im Buddhismus entspricht.

Die jainistische Philosophie widmet sich unterschiedlichen

Gebieten, zu denen neben Erkenntnistheorie und Ethik auch die Kosmologie gehört. Ein Merkmal jainistischer Philosophie besteht dabei in der Klassifizierung und in der Aufstellung von Ordnungsprinzipien. In der philosophischen Literatur führt dies oft zur ausufernden Aufzählung von Begriffen oder Benennungen, deren Bedeutung oft erst durch die zugehörige Kommentarliteratur erschlossen werden kann. Im Mittelpunkt steht dabei naturgemäß eine Annäherung an die Wahrheit, die aus emischer Sicht in der jainistischen Lehre niedergelegt ist. Die jainistischen Denker standen dabei stets im Austausch mit den zeitgenössischen Denkschulen anderer Traditionen, die nach jainistischer Einschätzung einen Wahrheitskern enthalten, der jedoch durch Irrtümer und fehlerhafte Spekulation überlagert wird und deshalb nicht zur wahren Erkenntnis führen kann. Die jainistische Philosophie nimmt daher für sich in Anspruch, als einzige der altindischen Denkschulen das Universum und die darin enthaltenen Dinge und Elemente in ihrer wahren Natur zu erfassen und zu erklären. Dies bekräftigt nicht zuletzt den Wahrheitsanspruch der jainistischen Lehre. Untermauert wird diese Haltung aus Sicht der Jainas nicht zuletzt durch den Umstand, dass das Fundament der Lehre von allwissenden Meistern verkündet wurde und weder die Verkündung noch die daran anknüpfende Spekulation und Schlussfolgerung, welche die jainistische Überlieferung bilden, jemals von anderen Denkschulen widerlegt werden konnte.

Ein wesentlicher Teil der philosophischen Erkenntnis der Jainas ist der Disput, in dem die angeführten Argumente im verbalen Schlagabtausch auf ihre Folgerichtigkeit geprüft werden. Dem liegt die Auffassung zugrunde, dass jede Spekulation auf ihre Richtigkeit hin geprüft werden sollte und eine Wahrheit nicht einfach ›geglaubt‹ werden darf. Selbst der einfache Gläubige ist aufgefordert, die Aussagen seines Lehrers oder spirituellen Meisters kritisch zu überprüfen und zu hinterfragen. Vor diesem Hintergrund wird gelegentlich irrtümlich angenommen, dass der Jainismus in Wahrheit keine Religion, sondern vielmehr ein philosophisches System sei, das seine Anhänger zur Einhaltung einer festgelegten Ethik verpflichte.

Kosmologie

Kosmologische Vorstellungen prägen die Sicht auf die Welt und die Ordnung der Dinge, während andererseits die Weltanschauung die Entwicklung der Kosmologie beeinflusst. Es liegt daher auf der Hand, dass die Bestimmung des bekannten Raumes jeder Vermutung über die jenseitige Welt vorausgeht. Die bekannte Umgebung steht im Mittelpunkt kosmologischer Spekulationen, oder anders gesagt, kosmologische Modelle entstehen aus ihrem kulturellen Umfeld und spiegeln gelegentlich sogar natürliche Gegebenheiten oder charakteristische Landschaftsmerkmale wider.

Die Frage nach Substanz und Struktur von Zeit und Raum steht im Mittelpunkt der jainistischen Kosmologie. Auch frühe Werke der Jaina-Literatur enthalten Spekulationen über Welt und Kosmos und so bilden Vorstellungen darüber bereits im frühen Jainismus einen wichtigen Bestandteil des Glaubensgerüsts. Obwohl die jainistische Kosmologie in sehr früher Zeit erdacht wurde, wirkt das kosmologische Modell bis in die heutige Zeit und ist daher auch noch für den heutigen Jainismus von Bedeutung.

Die traditionelle Vorstellung von Welt und Kosmos ist die Kulisse, vor der sich die Mythen und Legenden abspielen und nach deren Mechanismus das System von Karma und Wiedergeburt funktioniert. Den Hintergrund für die jainistische Mythologie bilden also strenggenommen nicht die realen

Landschaften des antiken Südasiens, sondern die mythischen Gegenden der jainistischen Kosmologie und Geographie. Gleichzeitig erscheint die Kosmologie der Jainas dem westlichen Beobachter oft ungewöhnlich und verwirrend.

Die verschiedenen Himmel und Höllen und die unvorstellbar großen Zahlen und Maße, in denen der Kosmos vermessen wird, sind schwer zu erfassen. Auch die Vergleiche, mit denen die Zahlen und Maße erklärt werden, erscheinen zunächst fremdartig. Diese in der indischen Literatur häufig verwendete Erklärungsweise wird daher anhand der jainistischen Zeitalterlehre beispielhaft vorgestellt. Der Kosmos selbst soll hingegen vor allem in seiner Form und Struktur beschrieben werden.

Um Missverständnisse zu vermeiden, sollte zwischen verschiedenen Begriffen klar unterschieden werden: Als *Universum* wird in den folgenden Kapiteln die Gesamtheit des Raumes bezeichnet. In diesem Raum befindet sich der jainistische *Kosmos*, der aus den Himmeln und Höllen sowie der scheibenförmigen Mittelwelt besteht. Diese im Zentrum von Menschen und Tieren bewohnte Mittelwelt wird hier als *Welt* bezeichnet. Die Beschreibung der Welt geschieht durch die traditionelle *Geographie*, während die Behandlung des Kosmos und des gesamten Universums von der *Kosmologie* vorgenommen wird. Dabei ist die Geographie ein Bestandteil der Kosmologie.

Zeit und Zeitalter

Anders als in den monotheistischen Religionen, wo das Auftreten einer Stifterfigur eine an dessen Leben oder Wirken angelehnte, lineare Zeitrechnung einleitet, blieb das jainistische Zeitverständnis über viele Jahrhunderte der altindischen

Vorstellung verbunden. Ähnlich wie im Buddhismus und in den hinduistischen Religionen geht daher auch die traditionelle jainistische Kosmologie von einem zyklischen Zeitverlauf aus.

Dabei werden im Jainismus die Welt und der Kosmos als unerschaffen und ewig verstanden und der Zeitverlauf besteht in Anpassung an diese Vorstellung aus einer sich wiederholenden Abfolge von auf- und absteigenden Weltzeitaltern. Die jainistische Literatur beschreibt den Verlauf der Zeit daher als ein ›Zeitenrad‹ (*kālacakra*), das sich in beständiger Gleichmäßigkeit dreht, wobei jede volle Umdrehung als ein vollständiges Weltzeitalter begriffen wird.

Jedes Weltzeitalter gliedert sich dabei in eine ›absteigende Periode‹ (*avasarpinī*) und eine ›aufsteigende Periode‹ (*utsarpinī*), die wiederum in jeweils sechs Zeitalter zerfallen, die als ›Speichen‹ (*ara*) des Zeitenrades bezeichnet werden.

Die einzelnen Zeitalter unterscheiden sich dabei in ihrer Dauer und in der Lebensqualität. Um die Spanne der einzelnen Zeitalter zu berechnen, entwickelte sich bereits im Altertum eine Einteilung des Zeitverlaufs in kleinste bis unvorstellbar große Einheiten.

Die Zeitspanne der einzelnen Zeitalter wird dabei entweder in ›Jahren‹ (*samvatsara*) angegeben oder aber in den unzählbaren ›Ozean-Jahren‹ (*sāgaropama*), die sich nur durch einen Vergleich annähernd bestimmen lassen. Demnach besteht ein *Sāgaropama* aus 10 *Koṭikoṭi* (1 000 000 000 000 000) ›Getreidesack-Jahren‹ (*palyopama*). Ein *Palyopama* wiederum bezeichnet die Zeitspanne, in der ein mit feinen Haaren gefüllter Getreidesack mit einem Durchmesser und einer Tiefe von jeweils einem *Yojana* geleert wird, wenn alle hundert Jahre ein Haar entnommen wird. Für das altindische Längenmaß *Yojana* existieren unterschiedliche Berechnungen, die vermutlich mit der Reichweite eines Pferde- oder Ochsengespannes zu tun haben und die Wegstrecke bezeichnen, die ohne Ausspannen der Zugtiere bewältigt werden kann. Der mit Haaren gefüllte Behälter hätte demnach einen Durchmesser und eine Tiefe von etwa 12 km.

Am Anfang eines Weltzeitalters steht ein goldenes Zeitalter, in dem die Menschen friedlich miteinander leben und sich an immerwährendem Genuss erfreuen; alle ihre Wünsche und Bedürfnisse werden von den zehn ›Wunschbäumen‹ (*kalpadruma*) erfüllt. Von allen Zeitaltern hat dieses die längste Dauer und währt in der absteigenden Periode bis zum Ende des zweiten Zeitalters.

Im dritten Zeitalter beginnt schließlich die Kraft der Wunschbäume zu versiegen, die Bedürfnisse der Menschen werden nicht mehr in ausreichender Form befriedigt, und es entstehen Neid und Gier. Die Menschen müssen ihr Überleben nun aus eigener Kraft und Anstrengung sichern. Um die Menschen zu lehren, sich selbst zu versorgen, treten nun die sieben Stammväter (*kulakara*) auf, zu denen im gegenwärtigen Zeitalter auch der erste Jina Ṛṣabha und dessen Eltern gehören.

Im vierten Zeitalter folgen die übrigen Tīrthaṅkaras, bevor wenige Jahre nach dem Tod des 24. Jina das fünfte Zeitalter beginnt, das von Unkenntnis und Leid geprägt ist. Während dieser dunklen Zeitalter erinnert die Verkündung der Jinas die Menschen an die jainistische Weltordnung.

Das sechste Zeitalter markiert schließlich den Tiefpunkt des Niedergangs. In dieser Epoche verschwindet die jainistische Lehre und die Erde wird verwüstet. Damit ist die absteigende Periode abgeschlossen. Mit Beginn der aufsteigenden Periode setzt langsam eine Besserung der Zustände ein. Im dritten und vierten Zeitalter erscheinen wiederum die 24 Tīrthaṅkaras und die Stammväter, und schließlich setzt wieder ein goldenes Zeitalter ein. Dieser Ablauf setzt sich in unendlicher Dauer fort.

Eine vollständige Drehung des Zeitenrades = Ein Weltzeitalter	
Absteigende Periode	
1. Zeitalter ›Gut-Gut‹ (*suṣamā-suṣamā*)	400 000 000 000 000 Ozean-Jahre
2. Zeitalter ›Gut‹ (*suṣamā*)	300 000 000 000 000 Ozean-Jahre
3. Zeitalter ›Gut-Schlecht‹ (*suṣamā-duḥṣamā*)	200 000 000 000 000 Ozean-Jahre
4. Zeitalter ›Schlecht-Gut‹ (*duḥṣamā-suṣamā*)	100 000 000 000 000 Ozean-Jahre abzüglich 42 000 Jahre
5. Zeitalter ›Schlecht‹ (*duḥṣamā*)	31 000 Jahre
6. Zeitalter ›Schlecht-Schlecht‹ (*duḥṣamā-duḥṣamā*)	21 000 Jahre
Aufsteigende Periode	
1. Zeitalter ›Schlecht-Schlecht‹ (*duḥṣamā -duḥṣamā*)	21 000 Jahre
2. Zeitalter ›Schlecht‹ (*duḥṣamā*)	31 000 Jahre
3. Zeitalter ›Schlecht-Gut‹ (*duḥṣamā-suṣamā*)	100 000 000 000 000 Ozean-Jahre abzüglich 42 000 Jahre
4. Zeitalter ›Gut-Schlecht‹ (*suṣamā-duḥṣamā*)	200 000 000 000 000 Ozean-Jahre
5. Zeitalter ›Gut‹ (*suṣamā*)	300 000 000 000 000 Ozean-Jahre
6. Zeitalter ›Gut-Gut‹ (*suṣamā-suṣamā*)	400 000 000 000 000 Ozean-Jahre

Die Ereignisse, die während eines vollständigen Weltalters stattfinden, bilden zusammengenommen die traditionelle jainistische Geschichtsschreibung, die auch als jainistische Welt- oder Universalgeschichte bezeichnet wird. Diese Weltgeschichte bildet eine eigene literarische Gattung innerhalb der jainistischen Literatur. Zu den bekanntesten Werken der Śvetāmbaras gehören Hemacandras Biographien. In der Literatur der Digambaras wird die Weltgeschichte u. a. in der ›großen Erzählung aus alter Zeit‹ (*Mahāpurāṇa*) ausgebreitet, die im 9. Jh. von den gelehrten Mönchen Jinasena und Guṇabhadra verfasst wurde und sich aus den Kapiteln *Ādipurāṇa* und *Uttarapurāṇa* zusammensetzt.

Die jainistische Universalgeschichte ist eng verbunden mit der Lehre von den Zeitaltern und schildert vor allem die Personen und Ereignisse der Zeitalter ›Gut-Schlecht‹ (*suṣamā-duḥṣamā*) und ›Schlecht-Gut‹ (*duḥṣamā-suṣamā*), in denen 63 ›Stabmänner‹ (*śalākāpuruṣa*) erschienen. Diese bedeutenden Persönlichkeiten wirkten als große Herrscher und Heroen und auch die 24 Jinas werden ihnen zugerechnet. Über die Ereignisse der vorangehenden und nachfolgenden Zeitalter weiß die Universalgeschichte nur wenig zu berichten. Die Schilderung beschränkt sich hier auf die Lebensumstände der Menschen. Durch den zyklischen Zeitverlauf ist die Weltgeschichte insgesamt geprägt von Wiederholungen und der Wiederkehr ähnlicher Ereignisse.

Welt und Universum

Im als ewig verstandenen Kosmos der Jainas gibt es keine göttliche Macht, die über die Gesamtheit von Welt und Kosmos herrscht. Die kosmologischen Vorstellungen der altindischen Religionen ähneln sich in vielerlei Hinsicht, doch sind auch klare Unterschiede erkennbar, die vermutlich der gegenseitigen Abgrenzung dienten. So berichtet beispielsweise die jainistische Überlieferung, dass die Lehre von einer nicht durch einen Schöpfungsakt erschaffenen, sondern stattdessen ewig existierenden Welt bereits vom Jina Pārśva verbreitet wurde, der damit die von den Brahmanen gelehrte Kosmologie vom Werden und Vergehen der Welt in Frage stellte.

Die Beschreibung der Welt und des Kosmos gehört zu den häufig wiederkehrenden Themen innerhalb der jainistischen Literatur und wurde seit der frühen Neuzeit zum Gegenstand zahlreicher umfangreicher Werke. Eine erste ausführliche Darstellung der von Menschen und Tieren bewohnten mittleren Welt mit dem Titel ›Kunde vom Kontinent des Rosenapfelbaums‹ (*Jambūdvīpaprajñapti*) ist in der frühen Literatur der Śvetāmbaras enthalten.

Die kosmologische Literatur geht von einem einzigen Universum aus, in dem es keine Zwischensphären oder Paralleluniversen gibt und das sich aus verschiedenen Entitäten oder Substanzen (*dravya*) zusammensetzt, die wiederum in zwei Kategorien zerfallen, nämlich die beseelten (*jīva*) und die leblosen (*ajīva*) Substanzen. Zu den leblosen Substanzen gehören Materie (*pudgala*), Bewegung (*dharma*) und Bewegungslosigkeit (*adharma*) sowie Raum (*ākāśa*) und Zeit (*kāla*). Die unbelebten Substanzen ermöglichen den kosmologischen Mechanismus von Geburt und Wiedergeburt in unterschiedlichen Körpern und an verschiedenen Orten des Kosmos und hindern die körperlose Seele am Aufstieg zur Erlösung.

Seiner Form nach besteht der Kosmos aus drei übereinander gelagerten Ebenen: In der Mitte befindet sich die scheibenförmige Welt, in der Menschen und Lebewesen existieren. Darüber sind die Götterhimmel angeordnet und darunter die Unterwelten mit den Höllen. In der deutschsprachigen Indologie wird häufig der Begriff »Weltgebäude« verwendet, um auszudrücken, dass der belebte Raum innerhalb des Kosmos als ein in sich geschlossener, vom umgebenden, unbelebten Raum abgegrenzter Raum verstanden wird. Dieses Weltgebäude, der eigentliche Kosmos nach jainistischer Vorstellung, ist umgeben von unendlichem Raum, in dem keinerlei Leben existiert. Die kosmologische Literatur der Jainas unterscheidet in diesem Sinne den belebten Kosmos (*loka*), der in Form und Größe klar definiert ist, von der unbelebten Unendlichkeit oder ›Nicht-Welt‹ (*aloka*), welche den Kosmos umgibt.

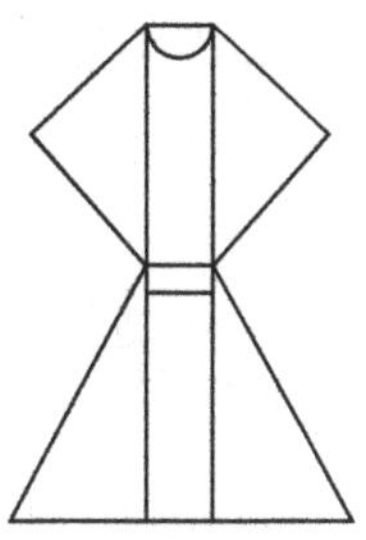

Querschnitt des jainistischen Kosmos

Kosmos

Eine Besonderheit des jainistischen Kosmos ist seine ungewöhnliche Form. Die kosmologische Literatur der Śvetāmbaras vergleicht den Umriss des Weltgebäudes mit zweieinhalb übereinandergestellten Spindeln oder Trommeln oder mit drei Schalen, von denen die oberen zwei kugelförmig auf einer umgekehrten Schale aufgestellt sind.

Die Literatur der Digambaras beschreibt die Form des Kosmos in recht ähnlicher Weise, jedoch verlaufen hier die Seitenwände der oberen Zonen vertikal. Die Illustrationen kosmologischer Handschriften aus dem 17./18. Jh. zeigen den Kosmos häufig in der Gestalt eines aufrechtstehenden Menschen, in dessen Oberkörper die Himmel angeordnet sind, während sich hüftabwärts bis zu den Knöcheln die Unterwelten befinden. Die Mittelwelt ist in der Hüftgegend platziert und wird häufig als kreisrunde Scheibe in Aufsicht gezeigt. Es ist wahr-

Der Kosmos in Gestalt eines Menschen in einer Handschrift des *Saṅgrahaṇīsūtra*; Gujarat oder Rajasthan, 18. Jh.; Rautenstrauch-Joest-Museum, Köln

scheinlich, dass das Motiv des kosmischen Mannes als Sinnbild des jainistischen Kosmos ein allgegenwärtiges indisches Schöpfungskonzept widerspiegelt, wonach das Universum in menschlicher Form gedacht ist.

Der Kosmos ist bevölkert von göttlichen Wesen, die nach ihrem Wohnort unterschieden und dabei in vier verschiedene Kategorien unterteilt werden. Die *Bhavanavāsin* und die *Vyantara* gehören der Unterwelt an, die *Jyotiṣka* bewohnen die Mittelwelt und die *Vaimānika* herrschen über die Himmel. Die Götterwelt ist streng hierarchisch organisiert und spiegelt in ihrer Ordnung die Welt der Menschen. Die Macht der Götter ist auf ihren jeweiligen Herrschaftsbereich beschränkt. Als Beschützer der Jinas auf dem Weg zur Erlösung dienen sie den Laienanhängern als Vorbild, kommen in der religiösen Praxis jedoch ansonsten nicht vor. Die Götter kennen die Ordnung der Welt und das karmische Gesetz und greifen stets ein, wenn diese beiden Kräfte kollidieren, sind selbst aber beiden gleichfalls unterworfen.

Oberhalb der von Menschen und Tieren bewohnten mittleren Welt erstrecken sich die himmlischen Sphären (*kalpa*) der Götter, die in acht übereinanderliegende Ebenen unterteilt sind; darüber befinden sich noch zwei weitere himmlische Ebenen, die als ›über *Kalpa* hinausgehend‹ (*kalpātīta*) bezeichnet werden. Die Śvetāmbaras glauben, dass die zwei untersten und obersten Ebenen der Himmel jeweils in eine nördliche und eine südliche Zone aufgeteilt sind, während die Digambaras eine Aufteilung aller acht himmlischen Ebenen annehmen. Die meisten dieser Ebenen sind wiederum in einzelne Etagen unterteilt, deren Gesamtzahl einschließlich der *Kalpātīta* bei den Śvetāmbaras 62 beträgt.

Bewohnt werden die Himmel von den *Vaimānika*-Göttern, deren Name von ihren Behausungen, den fliegenden himmlischen Palästen (*vimāna*), abgeleitet ist. In diesen Palästen existieren sie mit ihrem Hofstaat in ständigem Vergnügen, erfreuen sich an der unbeschreiblichen Pracht und Fülle ihrer Welt und geben sich dem Genuss und der Freude hin. Im Gegensatz zu den Jinas, die von ihnen als Herrscher aller drei Welten (*trailokya*) anerkannt und verehrt werden, reicht ihre eigene Macht nicht weiter als vier oder fünf Ebenen über ihren eigenen Wohnsitz hinaus. Die Götter werden nicht geboren; ihr Körper ist vielmehr eine Manifestation, in welche diejenigen Seelen einziehen, denen die Wiedergeburt in eine göttliche Existenz gegeben ist.

Ähnlich wie die altindische Gesellschaft ist auch die Götterwelt hierarchisch organisiert und jede Ebene wird von einem Götterkönig regiert, dem weitere Fürsten, Würdenträger und andere Gefolgsleute unterstehen. In der jainistischen Literatur werden die Götterkönige als *Indra* bezeichnet. Für die jainistische Universalgeschichte und somit auch für die jainistische Mythologie und die Jina-Legende ist dabei nur die unterste Ebene von Bedeutung, deren südliche Zone den Namen *Saudharma* trägt, während die nördliche Zone *Īśāna* heißt. Der Indra des Saudharma-Himmels heißt Śakra, und ihm unterstehen 64 weitere Indras; die übrigen Herrscher sind jeweils nach ihrem Himmel benannt.

Die ursprünglich individuelle Gestalt des vedisch-brahmanischen Gottes Indra ist in der jainistischen Literatur somit zu einer Klasse von Götterkönigen umgeformt worden. Anders als in den hinduistischen Religionen ist ›Indra‹ in der jainistischen Mythologie daher nicht als *Name*, sondern als *Titel* einer Reihe von himmlischen Königen zu verstehen. Deren tatsächliche Namen, falls sie überhaupt individuell benannt waren, sind in den meisten Fällen nicht überliefert. Sie werden in der Regel als Indra (›König‹) ihres jeweiligen Himmels angesprochen. Eine Ausnahme bilden dabei die Indras der obersten himmlischen Regionen, die den Titel ›Ich bin Indra‹ (*ahamindra*) tragen.

In der jainistischen Mythologie und insbesondere in der Jina-Legende treten nur die Götterkönige Śakra und Īśāna persönlich auf, wobei insbesondere Śakra dem künftigen Jina bis zu seiner Erleuchtung schützend zur Seite steht. Dies liegt vermutlich darin begründet, dass der Herrschaftsbereich Śakras, nämlich die südliche Zone des untersten Himmels, der von Menschen bevölkerten mittleren Welt und dem Lande Bharata, wo sich die jainistische Universalgeschichte und somit auch das Leben der Jinas abspielt, räumlich am nächsten ist.

Wie bereits erwähnt, erfuhren weder Śakra noch die übrigen Götter der himmlischen Sphären besondere Verehrung, und es gibt bislang keinerlei Hinweise darauf, dass diesen Gottheiten zu Verehrungszwecken eigene Kultbilder gewidmet waren. Allerdings dient die Figur des Götterkönigs Śakra, der sich als erster den Jinas unterwirft und sie verehrt, der darüber hinaus ihren Weg zur Erlösung schützend begleitet und ihnen bei mehreren Gelegenheiten huldigt, als Modell für den Laienstand und erklärt in gewisser Weise deren Tradition der Bilderverehrung. Da nämlich den Göttern, deren Wünsche schon im Moment des Entstehens erfüllt werden, die Ausübung jeder Art von Askese unmöglich ist, bleibt ihnen nur die Verehrung der Tīrthaṅkaras. Wenn also die Mönche und Nonnen dem Beispiel des Religionsstifters folgen und als Wanderasketen umherziehen, dann entsprechen die Laien dem mythischen Vorbild der Götter, indem sie sich dem Tīrthaṅkara und seiner Lehre unterwerfen und ihn verehren.

In diesem Sinne ist die Verehrungszeremonie (*pūjā*) als symbolische Handlung zu verstehen, in der die Tempelpriester (*pujārī*) als Vertreter der Laiengemeinde die Funktion der Götter übernehmen. Ob diese Vorstellung bereits im alten Indien existierte oder erst im Mittelalter aufkam, um die Bedeutung des jainistischen Laienstandes zu stärken, ist unklar. Die Vorliebe der Stifter mittelalterlicher Handschriften für die Darstellung des Saudharma-Himmels spiegelt jedoch vermutlich den Wunsch vieler Laien, sich nach dem eigenen Tod als Gott im Gefolge Śakras zu manifestieren, um am Genuss der himmlischen Freuden teilzuhaben.

Unterhalb der Himmel in der obersten Sphäre der mittleren Welt residieren die *Jyotiṣka* als Beschützer der Gestirne. Obwohl ihr Herrschaftsbereich den Himmeln näher scheint als der Welt der Menschen, werden sie der mittleren Welt zugerechnet. Das Zentrum dieser mittleren Welt bildet der mächtige Weltenberg Mandara oder Meru, um dessen Gipfel die Gestirne kreisen. Die jainistische Kosmologie geht von zwei Sonnen aus, da während der Zeitspanne von einem Tag und einer Nacht nur eine halbe Umkreisung des Meru möglich sei. Jede der beiden Sonnen wird von einem Mond umkreist. Außer Sonne und Mond existiert eine große Zahl weiterer Sterne und Planeten, die ebenfalls den Weltenberg umkreisen.

Ebenso wie die Himmel ist auch die Unterwelt in mehrere Ebenen eingeteilt und besteht aus sieben übereinander angeordneten Höllen. Im obersten Abschnitt der Unterwelt, der noch nicht den Höllen zugerechnet wird, residieren die *Bhavanavāsin* und die *Vyantara*. Die darunter gelegenen Ebenen werden von den Höllenbewohnern (*nāraka*) besiedelt. So wie die Götter werden auch die Körper dieser Wesen nicht geboren, sondern sind eine Art Manifestation, in die diejenigen Seelen reinkarniert werden, die in den vorherigen Existenzen besonders schwere Verfehlungen begangen haben. Die Höllenwesen sind unbeschreiblichen Qualen ausgesetzt, die sie sich in grenzenlosem Hass selbst zufügen. Dabei sind sie nicht sterblich und die erlittenen Verletzungen für sie nicht tödlich. Stattdessen setzt sich ihr Körper nach Folter und Zerstückelung wieder zusammen, um erneut gepeinigt zu werden. Dieser Zustand hält so lange an, bis das Karma der Seele getilgt und somit eine Wiedergeburt in anderen Teilen des Kosmos möglich ist. Ein vertikal verlaufender Tunnel verbindet die verschiedenen Ebenen des Kosmos miteinander und ermöglicht den reinkarnierten Seelen entsprechend der jeweiligen karmischen Verstrickung den Auf- oder Abstieg an den Ort der nächsten Wiedergeburt.

Die göttlichen Bewohner des Kosmos sind keine allmächtigen Wesen und verfügen nur über begrenzte Macht. In gewisser Weise erfüllt stattdessen der Jina als ›erster Gott unter den Göttern‹ (*devādideva*) die Funktion eines allwissenden Herrschers über die drei Welten, doch auch er ist letztlich den kosmischen Regeln unterworfen und kann in das Geschehen nicht eingreifen. Dies schließt eine göttliche Allmacht aus; die Allwissenheit des Jina ist daher die höchste Form übernatürlicher Gewalt innerhalb des jainistischen Kosmos.

An der Spitze des Universums befindet sich schließlich der Aufenthaltsort der erlösten Seelen (*siddhaloka*). Der Aufstieg zu diesem Ort ist die höchste Form der Erlösung und wird nur von den Jinas erreicht. Auf bildlichen Darstellungen des Kosmos wird dieser Ort durch eine weiße Mondsichel symbolisiert.

Welt

Zwischen den Himmeln und Höllen befindet sich die scheibenförmige ›mittlere Welt‹ (*madhyaloka*). Dieser Bereich ist die Wohnstätte von Menschen, Tieren und einigen Klassen von Halbgöttern und ist als Scheibe gedacht, deren Mittelpunkt der kreisförmige Zentralkontinent Jambūdvīpa (›Insel des Rosenapfelbaumes‹) mit dem gewaltigen Berg Mandara oder Meru im Zentrum bildet. Die Beschreibung der mittleren Welt und ihrer Bewohner erfolgt innerhalb der traditionellen jainistischen Geographie und bildet einen Teilbereich der Kosmologie.

Der Zentralkontinent Jambūdvīpa ist in sieben Abschnitte unterteilt. Im Süden des Kontinents befindet sich das Land Bharata, das von den Strömen *Gaṅgā* (Ganges) und *Sindhu* (Indus) und von Gebirgsketten in das ›Land der Edlen‹ (*āryakhaṇḍa*) und das ›Land der Barbaren‹ (*mlecchakhaṇḍa*) geteilt wird; im Zentrum von Āryakhaṇḍa befindet sich die Hauptstadt Ayodhyā. In der jainistischen Überlieferung wird Ayodhyā als Geburtsort des ersten Jina Ṛṣabha und einiger seiner Nachfolger genannt. Die Stadt ist ein wesentlicher Bestandteil der jai-

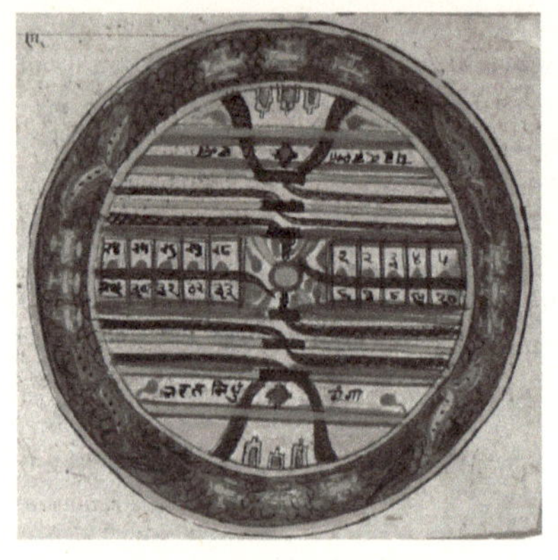

Der Kontinent Jambūdvīpa in einer Handschrift des *Saṅgrahaṇīsūtra*; Gujarat oder Rajasthan, 18. Jh.; Rautenstrauch-Joest-Museum, Köln

nistischen Kosmologie und gilt als ›ewige‹ Stadt. Sie ist gleichzeitig die Residenz der mythischen Weltenherrscher (*cakravartin*), die ebenso wie die 24 Jinas zur Gruppe der 63 wichtigen Männer der jainistischen Weltgeschichte gehören.

Bharata mit den Flüssen *Gaṅgā* und *Sindhu* ist ein Abbild des indischen Subkontinents und spiegelt wohl das geographische Wissen Altindiens. Das südlichste Gebiet wird *Bharatavarṣa* genannt und gilt als der einzige Ort, an dem die Menschen Erlösung erlangen können.

Im Zentrum von Jambūdvīpa, eingefasst von gewaltigen Gebirgszügen, liegt das mythische Land Mahāvideha mit dem Weltenberg Meru, der Weltenachse des jainistischen Kosmos, und dem gewaltigen Rosenapfelbaum (*jambū*, von der neueren Forschung auch als Pflaumenbaum gedeutet), der dem Kontinent seinen Namen gibt. Die nördliche Gegend von Jambūdvīpa wiederholt die topographische Struktur der südlichen Regionen, was vermuten lässt, dass die Existenz weiterer Länder zwar bekannt war, genauere Informationen darüber aber fehlten. Die Verfasser der kosmologischen Schriften setzten deshalb einfach eine Spiegelung Bharatas und der daran anschließenden Regionen an diese Stelle. Da in beiden Hälften des Jambūdvīpa zur selben Zeit die gleichen Tageszeiten herrschen, gibt es, wie bereits zuvor erwähnt, zwei Planetensysteme mit zwei Sonnen.

Jambūdvīpa ist umgeben vom ringförmigen ›Salzmeer‹ (*lavaṇoda*), das wiederum von der ebenfalls ringförmigen Landmasse ›Insel des *Dhātakī*-Baumes‹ (*dhātakīkhaṇḍadvīpa*) eingefasst ist. Auf Dhātakīkhaṇḍa folgt der ringförmige ›Schwarze Ozean‹ (*kāloda*), und auf diesen der Kontinent Puṣkaradvīpa. In dieser Weise folgt eine unendliche Anzahl weiterer ringförmiger Kontinente und Meere, deren Größe und Abstand stets zunimmt und deren Topographie die Verhältnisse Jambūdvīpas wiederholt. Die kosmologische Literatur enthält unterschiedliche Listen mit den Namen und Abmessungen dieser Kontinente. Seit dem 17. Jh. wird die *Mittelwelt* auch in der jainistischen Buchmalerei symbolisch abgebildet, die in den schriftlichen Quellen genannten Größenverhältnisse und Abstände der Kontinente und Ozeane werden jedoch nicht korrekt wiedergegeben.

Meist ist der Zentralkontinent Jambūdvīpa von lediglich sieben Ringkontinenten umgeben, wobei der achte Kontinent Nandīśvaradvīpa auf einigen Darstellungen besonders hervorgehoben ist. Nandīśvaradvīpa gilt den Jainas als besonders heilig, denn hier versammeln sich die Götter zu besonderen Anlässen, um in den 52 Tempeln des Kontinents religiöse Feste und Verehrungszeremonien zu vollziehen, darunter die Feier anlässlich der fünf glücksverheißenden Momente (*kalyāṇa*) im Leben der Jinas. Damit steht Nandīśvaradvīpa gewissermaßen in mythischer Beziehung zum jainistischen Tempelwesen und so finden sich Darstellungen dieses Kontinents in zahlreichen mittelalterlichen Tempeln.

Von Menschen und Tieren bewohnt sind neben Jambūdvīpa nur Dhātakīkhaṇḍa und die innere Zone des zweiten Kontinents Puṣkaradvīpa. In den kosmologischen Schriften wird diese Welt der Menschen (*manuṣyaloka*) auch häufig als die ›zweieinhalb Kontinente‹ (*aḍhāīdvīpa*) bezeichnet. Dabei ist denkbar, dass die kreisförmige Form des Zentralkontinents Jambūdvīpa von der Form des indischen Subkontinents abgeleitet wurde, den seine Bewohner im Altertum als halbkreisförmig betrachteten. Die ringförmigen Kontinente jenseits des Salzmeers könnten hingegen das Wissen über entlegene Regionen Südostasiens widerspiegeln, das systematisch erweitert wurde.

Ein wesentliches Merkmal der kosmologischen Vorstellungen der Jainas ist deren mythisches Grundmuster. Das Wissen über die Welt und die Beschaffenheit des Kosmos beruht nicht auf Entdeckung oder Erfahrung, sondern auf Spekulation. Die Ergründung von Form und Struktur des Universums und der Welt gehört schon im frühen Jainismus zum Wissensgebiet gelehrter Mönche und spiegelt im Kern deren Wissen und Bewegungsradius. Dass sich jenseits der bekannten Gebiete noch weitere Länder befanden, war wohl durchaus geläufig, doch fehlten die entsprechenden Kenntnisse. Stattdessen wurde die Beschaffenheit der Region Bharata auf die umgebenden Länder übertragen.

Die Kenntnis von Welt, Kosmos und Universum war über viele Jahrhunderte ein Thema für die jainistischen Denker und gelehrte Autoren. Beschreibungen des Kosmos waren daher anfangs nur auf sprachlicher Ebene verfügbar. Dies änderte sich durch die jainistische Manuskriptkultur, die spätestens seit dem 11. Jh. vor allem in den westlichen Regionen Indiens aufkam. Insbesondere im 17. und 18. Jh. entstanden Handschriften kosmologischer Texte, die die Welt und den Kosmos in jainistischer Tradition auch in Zeichnungen und auf Miniaturen abbildeten.

Für den jainistischen Erlösungsweg ist die traditionelle Kos-

Symbol der Jainas, dessen Umriss der Form des Kosmos entspricht. Die stilisierte Hand zeigt eine segnende Geste, und auf der Handfläche steht *Ahiṃsā* (›Gewaltlosigkeit‹). Ganz unten steht: ›Alles Leben ist durch gegenseitige Unterstützung und gegenseitige Abhängigkeit miteinander verbunden‹ (*parasparopagraho jīvānām*). Der sonst verwendete Svastika wurde durch die Silbe *auṃ* ersetzt. Dies ist vor allem in den USA üblich, um keine Assoziation mit dem Nationalsozialismus herzustellen. Die Mondsichel mit einem Punkt am oberen Rand des Diagramms steht für den Aufenthaltsort der erlösten Seelen (*siddhaloka*) an der Spitze des Kosmos. Die Punkte direkt unter dem Halbmond stehen für den dreifachen Pfad, auf dem die Befreiung erlangt werden kann: samyag-darśana (›rechter Glaube‹), samyag-jñāna (›rechtes Wissen‹) und *samyag-caritra* (›rechtes Verhalten‹).

mologie von Bedeutung, weil nur in der Region Āryakhaṇḍa im Zentrum Bharatas eine Neutralisierung des Karmas und somit die Befreiung der Seele möglich ist. Damit ist ein Beschreiten des jainistischen Heilsweges außerhalb Indiens im Grunde nicht möglich. Die Gründung jainistischer Diaspora-Gemeinden führte jedoch zu einer Nachjustierung dieser Vorstellung, wobei nach heutiger Auslegung alle Weltregionen oder zumindest jene, in denen sich Jaina-Gemeinden angesiedelt haben, innerhalb der Grenzen von Āryakhaṇḍa gedacht werden.

Man könnte vermuten, dass die traditionelle Vorstellung des jainistischen Kosmos angesichts der von naturwissenschaftlichen Erkenntnissen geprägten Kosmologie der Gegenwart ihre Bedeutung verloren hätte. So herrscht in den jainistischen Gemeinden die Grundüberzeugung, dass die traditionelle Kosmologie kein Modell ist, das mit dem Kosmos der westlichen

Wissenschaften konkurriert. Gleichzeitig jedoch wurde im Zuge einer »Verwissenschaftlichung« der jainistischen Lehre wiederholt der Versuch unternommen, die traditionelle Kosmologie mit dem naturwissenschaftlich geprägten westlichen Weltbild in Einklang zu bringen. Dabei wird der Jaina-Kosmos meist als ein System jenseits unseres Universums beschrieben, das die materielle Welt umgibt und somit auch das westliche kosmologische Wissen einschließt.

Die Bedeutung der traditionellen Kosmologie zeigt sich auch in der Form des Symbols, das den Jainismus heute repräsentiert. Als die Jaina-Gemeinden im Jahr 1974 das 2500-jährige Jubiläum der Erlösung des Jina Mahāvīra feierten, wurde zu diesem Anlass ein Emblem entworfen, das den Jainismus als Religionsgemeinschaft fortan symbolisieren sollte. Der Umriss des Symbols ist von der Form des Kosmos abgeleitet. Trotz theologischer Differenzen zwischen den verschiedenen Schulen des Jainismus konnten sich alle Gruppen auf dieses Symbol einigen und finden ihre religiöse Identität seither darin repräsentiert.

Ethische Grundprinzipien des Jainismus

Die jainistische Ethik basiert grob gesagt auf fünf grundlegenden Prinzipien, die das zur Erlösung führende rechte Verhalten des Gläubigen bestimmen. Diese Grundprinzipien bilden gleichzeitig den Kern der Gelübde, die jainistische Asketen und in vereinfachter Form auch die Gläubigen des Laienstandes ablegen.

Das oberste Gebot im Jainismus ist die Gewaltlosigkeit (*ahiṃsā*). Die praktizierte Gewaltlosigkeit bedeutet zunächst, eine friedliche Haltung gegenüber allen Lebewesen einzunehmen, Menschen ebenso wie Tieren. Je mehr Gewaltlosigkeit in der Welt verbreitet ist, desto weniger Furcht herrscht unter den Menschen, was wiederum das friedliche Zusammenleben stärkt. Gewaltlosigkeit erzeugt Gleichmut und Mitgefühl und führt zur Furchtlosigkeit gegenüber Alter, Krankheit und Tod. Die jainistische Ethik verbietet nicht nur die direkte Anwendung von Gewalt, sondern auch jedes Verhalten, das andere zur Gewalt anhält. Gewalttätige Handlungen sollen auch in Gedanken vermieden werden, denn Gewaltphantasien gelten ebenso als praktizierte Gewalt. Zur Gewaltlosigkeit gehört beispielsweise die Einhaltung strenger Speiseregeln. Im modernen Jainismus werden zunehmend auch Fragen der Ökologie sowie Klima- und Umweltschutz mit dem Prinzip der Gewaltlosigkeit zusammengebracht.

Der Gläubige ist daneben zur Besitzlosigkeit (*aparigraha*) oder zumindest zur Beschränkung auf den notwendigen Besitz aufgefordert. Besitzlosigkeit erleichtert nach jainistischer Vorstellung den freien und klaren Blick auf die Wirklichkeit und ermöglicht gleichzeitig die zur Erlösung notwendige Sicht nach innen. Wer hingegen, durch Anhaftung getrieben, nach materiellem Besitz strebt, kann die Wahrheit nicht erkennen, denn diese wird von den begehrten Dingen und dem vorhandenen Besitz verstellt, um dessen Erhalt stets gerungen und dessen Verlust gefürchtet wird.

Ein weiteres Grundprinzip jainistischer Ethik besteht in Enthaltsamkeit (*brahmacarya*). Der Gläubige ist aufgefordert, seine Leidenschaften und Begierden zu zügeln und Ausschweifungen zu vermeiden. Praktizierte Enthaltsamkeit wird vor allem in älteren Werken über den Jainismus häufig in verengender Weise als »Keuschheit« gedeutet. Es ist richtig, dass sexuelle Begierden von Asketen unterbunden und von Laien vermieden werden sollten. Es geht jedoch bei der Aufforderung zur Enthaltsamkeit nicht allein um körperliche Begierde, sondern vielmehr um die Kontrolle *aller* Sinne und damit um eine Beherrschung des Geistes.

Von dem Gläubigen wird weiterhin Wahrhaftigkeit (*satya*) gefordert. Dies bedeutet, stets die Wahrheit zu sagen und Lüge oder Unwahrheit zu meiden, denn beide sind mit Angst verbunden. Durch Unwahrheit wird oft versucht, etwas auf unredliche Weise zu erlangen oder etwas Unangenehmes zu vermeiden. Wird die Unwahrheit schließlich aufgedeckt, so gerät der Geist in Unruhe. Die Unruhe wiederum zieht Furcht nach sich, die Furcht führt zu Zorn und Bosheit, und dies mündet schließlich in Gewalt. Neben der Vermeidung von Unwahrheit umfasst ein wahrhaftiges Verhalten aber auch eine Gradlinigkeit im Handeln und nicht zuletzt die Ehrlichkeit sich selbst gegenüber.

Das letzte der fünf Grundprinzipien ist die Rechtschaffenheit (*asteya*). Damit ist gemeint, dass der Gläubige nichts ungefragt nehmen darf, das ihm nicht gehört. Neben dem Verbot des Diebstahls ist damit aber auch gemeint, dass er keine Dinge annehmen oder an Dritte weitergeben soll, die ihm nicht gehören. Auch die Ausbeutung von Mensch oder Tier verstößt gegen das Rechtschaffenheitsgebot. Im modernen Jainismus wird dieses Prinzip inhaltlich ausgeweitet, beispielsweise auf Konsumgüter, die durch Ausbeutung hergestellt wurden und von Gläubigen gemieden werden sollten, oder auf Produktpiraterie und Plagiate.

Ein weiteres Grundprinzip insbesondere des philosophischen Denkens und der Erkenntnistheorie ist eine besondere Form des Relativismus, dem zufolge in bestimmten Situationen und aufgrund der Beschränkungen des menschlichen Geistes mehrere Wahrheiten in Betracht zu ziehen sind. Dieser Ansatz gehört strenggenommen nicht zur Reihe der vorangehend skizzierten Grundprinzipien, ist aber einer der zentralen Denkansätze der jainistischen Philosophie und gilt darüber hinaus als wichtiges Beispiel für die besondere Toleranz, die dem Jainismus zugeschrieben wird. Dieses Prinzip wird als

Anekāntavāda (gebildet aus *an* ›nicht‹ + *eka* ›eins‹ + *anta* ›Ende‹ + *vāda* ›Weg, Lehre‹) bezeichnet und bedeutet frei übersetzt die ›Lehre vom relativen Pluralismus‹. Dieser Theorie liegt die Annahme zugrunde, dass die Wahrheit niemals nur von einem Standpunkt aus erfasst werden kann und man sich einer philosophischen Frage stattdessen aus mehreren Perspektiven nähern sollte. Wie dieses Prinzip funktioniert, lässt sich am Beispiel der Parabel von den fünf blinden Männern und dem Elefanten demonstrieren, die hier in verkürzter Form nacherzählt wird.

In einem Dorf lebten einst fünf blinde Männer. Eines Tages, als sie im Gespräch beisammensaßen, kam ein Dorfbewohner herbeigelaufen und rief: »Kommt herbei! Ein großer Elefant ist in unser Dorf gekommen.« Die blinden Männer, die noch nie einem solchen Tier begegnet waren, ergriff die Neugier. Sie beschlossen zum Dorfplatz zu gehen und zu erkunden, was ein Elefant eigentlich für ein Tier sei.

Am Dorfplatz angekommen, begannen sie sogleich, den Elefanten zu betasten. Jeder von ihnen untersuchte ein Körperteil des Elefanten. Der erste betastete den Bauch des Tieres, der zweite die Ohren, der dritte ein Bein, der vierte den Rüssel und der fünfte schließlich den Schwanz. Anschließend setzten sie sich im Schatten eines großen Baumes zusammen, um zu diskutieren, von welcher Gestalt der Elefant sei.

Der erste Blinde, der den Bauch betastet hatte, machte den Anfang und erklärte: »Ein Elefant ist wie eine stabile Wand.« Der zweite, der die Ohren untersucht hatte, entgegnete: »Nein, ein Elefant ist wie ein gewaltiger Fächer.« Der dritte Mann, der ein Bein des Elefanten abgetastet hatte, widersprach den beiden und meinte: »Ihr seid im Unrecht! Ein Elefant ist wie eine Säule.« Der vierte jedoch, der den Rüssel berührt hatte, wandte ein: »Ein Elefant ist wie eine Schlange.«

Und der fünfte, der den Schwanz betastet hatte, sagte: »Ich denke, ein Elefant ist wie ein Seil.«

Als nun jeder von ihnen seine Meinung vorgetragen hatte, gerieten sie in einen heftigen Streit. Obwohl alle den gleichen Elefanten untersucht hatten, konnten sie sich nicht einigen. Nachdem sie eine ganze Weile gestritten hatten, kam ein weiser Mann hinzu und fragte nach dem Grund des Streites. Die fünf blinden Männer erzählten von ihrem Vorhaben, gemeinsam die Gestalt des Elefanten zu ergründen. Daraufhin erklärte der weise Mann: »Hört auf zu streiten, meine Freunde. Ihr alle habt Recht und Unrecht zugleich. Jeder von euch hat einen Teil des Elefanten ertastet. Doch der Elefant ist ein sehr großes Tier und daher war keiner von euch imstande, ihn vollständig zu berühren. Nun glaubt jeder von euch, er hätte Recht und die anderen irrten. Doch wenn ihr eure Eindrücke zusammenfügt, dann erkennt ihr die Gestalt des Elefanten.« Da erkannten die fünf blinden Männer ihren Irrtum.

Das auch im Buddhismus bekannte Beispiel der fünf blinden Männer zeigt, dass die Realität von verschiedenen Standpunkten aus unterschiedlich wahrgenommen wird. Keiner der Standpunkte ermöglicht daher den Blick auf die vollständige Wahrheit. Die jainistische Philosophie geht davon aus, dass jeder Sache verschiedene Qualitäten innewohnen und jeder Mensch aufgrund seiner karmischen Beschränkungen nicht alle Aspekte wahrnehmen kann. Daher ist es nicht möglich, eine Sache oder ein Objekt in vollständiger und absoluter Weise wahrzunehmen und zu erkennen. Die Wahrnehmung verschiedener Realitäten und unterschiedlicher Wahrheiten bewirkt eine erhöhte Achtsamkeit im Umgang miteinander und erweitert den eigenen Horizont hin zu einem ganzheitlichen Verständnis.

Seelenvorstellung

Die jainistische Philosophie geht von neun grundlegenden Wahrheiten (*tattva*) aus. Diese Wahrheiten zu kennen und zu verstehen ist die wesentliche Voraussetzung, um eine korrekte Weltanschauung (*samyag-darśana*) und rechtes Wissen (*samyag-jñāna*) zu erlangen, womit schließlich der Erlösungsweg beschritten werden kann.

Die neun Wahrheiten	
1. Seele (*jīva*)	Die Seele existiert als reines Bewusstsein und besitzt weder Form noch Körper.
2. Unbeseeltes (*ajīva*)	Der Kosmos setzt sich aus verschiedenen, unbeseelten Entitäten zusammen, zu denen neben den unterschiedlichen Formen von Materie (*pudgala*) auch Raum, Bewegung, Stillstand und die Zeit gerechnet werden.
3. Verdienst (*puṇya*)	Als verdienstvoll werden Handlungen angesehen, die zu einer günstigen Wirkung des Karmas führen.
4. Schuld (*pāpa*)	Negative oder schadenbringende Handlungen führen zu einer ungünstigen Wirkung des Karmas und werden daher als schuldhaft betrachtet.
5. Einströmung (*āśrava*)	Die im Lebewesen verkörperte Seele erzeugt durch ihr Handeln, ihr Reden und ihr Denken eine Einströmung des Karmas, was sich günstig (verdienstvolles Handeln) oder ungünstig (schuldhaftes Handeln) auswirken kann.
6. Bindung (*bandha*)	Das einströmende Karma bindet sich an die Seele und ruft entsprechende Denk- und Handlungsweisen hervor. Die daraus resultierenden Gedanken und Taten des Lebewesens beeinflussen seine spätere Wiedergeburt in günstiger oder ungünstiger Weise.

7. Abwehr (*saṃvara*)	Die Einströmung des Karmas kann durch die Einhaltung bestimmter Vorschriften und Regeln abgewehrt werden. Dies geschieht insbesondere durch die strikte Befolgung der jainistischen Lehre.
8. Auflösung (*nirjarā*)	Das in die Seele eingeströmte Karma kann unter bestimmten Bedingungen aufgelöst, d. h. neutralisiert werden.
9. Erlösung (*mokṣa*)	Ist die Seele befreit von Karma, wird sie vom Kreislauf ewiger Wiedergeburt erlöst und steigt auf an den höchsten Punkt des Kosmos.

Diese Grundwahrheiten legen die Mechanismen dar, denen die Seele im Kosmos ausgesetzt ist und die entweder zur Verkörperung bzw. Wiedergeburt in einer der Welten oder zum Aufstieg und damit zur Erlösung führen. Die jainistische Lehre bietet dabei eine Anleitung, wie der Mensch sich in diesem kosmischen Mechanismus verhalten sollte, um zur Erlösung zu gelangen. Die Digambaras zählen *Verdienst* und *Schuld* nicht zu den grundlegenden Wahrheiten und gehen daher nur von sieben *Tattvas* aus.

Die Seele im Geburtenkreislauf

Der Kosmos ist bevölkert von einer unendlichen Anzahl unerschaffener und unvergänglicher Seelen. Jede einzelne dieser körperlosen Seelen ist in ihrer ungetrübten Natur vollkommen unabhängig und besitzt allumfassendes Wissen. Innerhalb des Kosmos kommt sie jedoch in Berührung mit den verschiedenen Formen von Materie, die entsprechend der Gesetzmäßigkeit des Karmas zu einer Verkörperung und damit in den Kreislauf ewiger Wiedergeburt führen. Die Verkörperung kann in unterschiedlicher Gestalt geschehen, nämlich als Lebewesen, als Gott oder als ein Höllenwesen.

Insbesondere die ältere jainistische Literatur betont die Bedeutungslosigkeit des Lebens und begründet dies mit dem Leid, dem alle Lebewesen ausgesetzt sind. Selbst die Verkörperung der Seele in der Götterwelt ist nur von begrenzter Dauer und bedeutet anschließend den unausweichlichen Abstieg in eine leidvolle Existenz. Diese Einschätzung des Daseins als leidvoll teilen die meisten religiösen Traditionen des alten Indiens, allerdings unterscheiden sich die jeweiligen Erlösungswege, die aus dem Kreislauf ewiger Wiedergeburten herausführen. Die Jainas umschreiben die Situation der Seelen im Geburtenkreislauf (*saṃsāra*) häufig mit symbolträchtigen Bildern. Ein wiederkehrendes Motiv ist die Vorstellung einer großen Ödnis, durch die sich die Seele auf ihrem gefahrvollen Weg von einer Existenz zur nächsten bewegt. Jede Seele beschreitet diesen Weg ganz alleine. Zwar kommt es immer wieder zu Begegnungen zwischen den verkörperten Seelen, doch ist jede Seele auf dem Erlösungsweg auf sich gestellt und kann auf keinerlei Hilfe oder Unterstützung hoffen. Besonders eindringlich wird dies in der Parabel von dem Mann im Brunnen beschrieben, die hier in verkürzter Form nacherzählt wird.

Einst hatte sich ein Mann in der Wildnis verirrt. Er befand sich auf einer langen Reise durch unbekanntes Gebiet und hatte sich daher einer Karawane angeschlossen, um sein nächstes Ziel zu erreichen. Doch als Räuber die Karawane überfielen, wurde er von seinen Reisegefährten getrennt.

Er war schon einige Zeit durch ödes Land geirrt, als er einem brünstigen Elefantenbullen begegnete. Große Furcht ergriff den Mann, denn er kannte die Gefahr, die von der ungezügelten Raserei eines wilden Elefanten ausging. Von Angst erfüllt, hielt er Ausschau nach einem Versteck und erblickte in der Nähe einen alten, zugewachsenen Brunnen. Neben dem Brunnen stand ein gewaltiger Feigenbaum, dessen ausladende Krone bis weit über die Brunnenöffnung reichte. Ein einzelner, starker Ast ragte tief in den Brunnen hinab. Rasch lief der Mann zu dem Brunnen, ergriff den Ast und ließ sich daran ein Stück herab. Der Ast reichte jedoch nicht bis zum Grund des Brunnens und so hing der Mann nun an dem Ast und hoffte, dass der Brunnen ihm dennoch Schutz vor dem Elefanten bieten möge.

Nachdem seine Augen sich an das Halbdunkel im Brunnen gewöhnt hatten, schaute er sich vorsichtig um und überdachte seine missliche Lage. Plötzlich erblickte er tief unter sich am Grund des Brunnens eine gewaltige Schlange, die ihr Maul aufriss, um ihn zu verschlingen. Im nächsten Augenblick bemerkte er in seiner Nähe vier weitere Schlangen, die aus vier Himmelsrichtungen versuchten, ihn anzugreifen. Angstvoll blickte der Mann nun nach oben und erkannte, dass ihm auch von dort eine ernste Gefahr drohte. Zwei kleine Mäuse, eine weiß und die andere schwarz, nagten eifrig an dem Ast, der ihn hielt. Und als ob dies alles nicht genug sei, hatte mittlerweile auch der Elefant den Brunnen erreicht. Mit seinem langen Rüssel versuchte er, den im Brunnen hängenden Mann zu ergreifen, doch reichte er nicht weiter als bis zu dessen Haarspitzen. Nun begann der Elefant voller Wut am Baum zu rütteln. Weit oben in der Baumkrone aber hing ein Bienennest. Durch das Rütteln begann das Nest zu schwanken und die durch die Erschütterung aufgeschreckten Bienen schwirrten sogleich um den Kopf des Mannes und versuchten, ihn zu stechen. Gleichzeitig tropften aus dem schwankenden Bienennest einige Tropfen Honig, die der Wind in den geöffneten Mund des unglücklichen Mannes wehte, der immer noch verzweifelt an seinem Ast hing. Als er den Honig auf seiner Zunge schmeckte, da genoss er das Glück des süßen Geschmackes und vergaß seine unglückliche Situation und all die Gefahren um ihn herum.

Anders als in der europäischen Fabelwelt erschließt sich die Bedeutung jainistischer Parabeln nicht unmittelbar aus der Handlung, sondern muss erklärt werden. Dies geschieht entweder im Text selbst oder durch die zugehörigen Kommentare.

In dieser Erzählung steht der Reisende für die Seele, die sich der karmischen Ordnung folgend im Fluss ewiger Wiedergeburten befindet. Die Seele ist für eine begrenzte Zeitspanne in einem Individuum verkörpert, das seiner karmischen Bestimmung entsprechend sein Dasein gestaltet und dabei seinen eigenen Lebensweg beschreitet, so wie der Mann in der Erzählung eine unbekannte Gegend bereist. Die Reise des Mannes versinnbildlicht in diesem Sinne den Lebensweg, und die Karawane steht für die Mitmenschen, welche das Individuum während seines Daseins umgeben und begleiten. Der Überfall durch die Räuber symbolisiert jenes Ereignis, das den Lebensweg beendet und wodurch die Seele dem Tod begegnet. Dieser lauert überall und erscheint hier in der Gestalt des wilden Elefanten. Die Seele befindet sich daraufhin in einem Zwischenzustand, bevor sie wiedergeboren wird. Die wilde Landschaft steht hier für die Vielfalt möglicher Verkörperungen und damit für den Geburtenkreislauf selbst, der als gefahrvoll für die Seele aufgefasst wird. In diesem Zwischenzustand gelangt die Seele durch einen vertikal verlaufenden Tunnel, der die verschiedenen Welten des Kosmos verbindet, durch Auf- oder Abstieg an den Ort ihrer nächsten Verkörperung. Dieser Tunnel wird in der Erzählung durch den Brunnenschacht symbolisiert, und der neben der Brunnenöffnung stehende Baum verkörpert die Ursache für das Einströmen und die Bindung von Karma. So wie das Karma den Ort und die Gestalt der nächsten Wiedergeburt bestimmt, so entscheidet die Länge und Stabilität des Astes über die Lebensspanne und das Schicksal des Mannes. Denn so wie der Mann nun tief im Brunnen hängt, so wird die Seele vom Karma beschwert nach unten gezogen und am Aufstieg gehindert. Gleichzeitig ist der Ast stabil genug, sodass der unglückliche Reisende nicht hinabstürzt. Die gewaltige Schlange am Grund des Brunnens steht in diesem Sinne für eine Wiedergeburt als Höllenwesen. Diesem Schicksal ist die Seele durch die Einströmung des entsprechenden Karmas vorerst entgangen, doch besteht die Gefahr eines Absturzes durch die Bindung entsprechenden Karmas für künftige Wiedergeburten. Doch auch die gegenwärtige menschliche oder göttliche Existenz ist nicht von Dauer, und die im Menschen verankerten Leidenschaften Zorn, Stolz, Unehrlichkeit und Gier können zu einer schlechten Wiedergeburt führen, wenn sie nicht bezwungen werden. Die Gefahr, diesen Leidenschaften zu erliegen, symbolisieren die Schlangen, die den Mann aus den vier Himmelsrichtungen angreifen. Die zwei Mäuse stehen schließlich für die Abfolge von Tag und Nacht und damit für die Zeit, die an der verbleibenden Lebensdauer nagt, die durch den Ast versinnbildlicht wird.

Am Ende findet der verirrte Reisende sein Glück im süßen Geschmack des Honigs, der aus dem Bienennest herabtropft. Der Honig symbolisiert die Anhaftung an sinnliche Freude und Genuss und damit die Unwissenheit. Diese bewirkt, dass der Mensch die Möglichkeiten seiner Existenz nicht in der Weise nutzt, die zu einer besseren oder gleichwertigen Wiedergeburt führen, sondern sich stattdessen dem Genuss hingibt, was unweigerlich zur Bindung weiteren Karmas und damit zu einer ungünstigen Wiedergeburt führt. Doch auch ein genussvolles Leben kann von Krankheit bedroht sein. Dafür stehen die Bienen, die versuchen, den Mann im Brunnen zu stechen.

Eine Besonderheit der Parabel vom Mann im Brunnen ist die weite Verbreitung dieser Geschichte von Indien zunächst nach China und Tibet sowie über Persien und Westasien bis nach Europa. In der altindischen Literatur ist die Erzählung in teils unterschiedlicher Schilderung in mehreren Werken vorhanden, so beispielsweise im *Mahābhārata* und in der *Bṛhadāraṇyaka-upaniṣad*, hier jedoch in einer noch sehr rudimentären Fassung. Die älteste jainistische Fassung ist in der *Vasudevahiṇḍī* enthalten, einem Werk der jainistischen Erzählliteratur, das im 4. Jh. von Saṅghadāsa verfasst wurde. Ältere buddhistische Fassungen sind nicht im Original erhalten geblieben, liegen aber in chinesischen Übersetzungen vor. Bei den Jainas wird der Stoff bis zum Mittelalter in verschiedenen Werken wiederholt, so etwa bei Hemacandra in dessen *Pariśiṣṭaparvan*, einem Zusatz zu der bereits erwähnten Weltgeschichte aus dem 12. Jh. In Europa wird die Geschichte vom Mann im Brunnen erstmals bekannt durch die Übersetzung des arabischen Werkes *Kalīla wa-Dimna*, die im 15. Jh. angefertigt wurde und eine Fassung der Geschichte vom Mann im Brunnen enthielt. Deutlich bekannter wurde die Erzählung schließlich im 19. Jh. durch die Übersetzung eines Gedichts des persischen Mystikers Rūmī aus dem 13. Jh., das der deutsche Dichter und Begründer der deutschen Orientforschung Friedrich Rückert im Jahr 1823 veröffentlichte.

Die Erzählweise der Geschichte und die Deutung der darin geschilderten Gleichnisse unterscheidet sich dabei entsprechend dem jeweiligen kulturellen oder religiösen Hintergrund, vor dem die jeweilige Fassung der Parabel nacherzählt wurde. Mit Blick auf die Literaturgeschichte des Jainismus lässt sich am Beispiel der Parabel vom Mann im Brunnen beispielhaft zeigen, dass Erzählstoffe innerhalb der Religionen ausgetauscht und entsprechend angepasst wurden und sich darüber hinaus auch in unterschiedlichen Kulturen teils über weite

Entfernungen verbreiteten. Die Zuschreibung eines solchen Erzählstoffs zu einer bestimmten Religion oder Kultur ist daher oft schwierig.

Verkörperung der Seele und Seelenzustände

Nach jainistischer Lehre ist die Seele (*jīva*) eine geistige Entität, die aus sich selbst heraus keinen Körper besitzt, sondern erst durch die Begegnung mit den unterschiedlichen Formen von Materie und dem Einfluss von Karma eine Verkörperung im Kosmos erfährt. Dieser Körper kann von unterschiedlicher Gestalt und Beschaffenheit sein, je nachdem ob die Seele als Mensch oder Tier inkarniert wird oder sich als Höllenwesen oder Gott manifestiert. Dabei gilt die Verkörperung als Mensch als höchstes Ziel, denn nur in dieser Gestalt ist ein Beschreiten des jainistischen Heilsweges möglich. Innerhalb der unzähligen Daseinsformen, in denen sich die Seele inkarnieren kann, gilt die Geburt als Mensch als eine große Seltenheit. Dies wird in den jainistischen Legenden durch einen Vergleich umschrieben: In einem Lotusteich von der Größe eines Ozeans lebt eine Schildkröte, die nur alle hundert Jahre zur Wasseroberfläche auftaucht, um einmal Luft zu holen. Die Wasserfläche ist vollständig bedeckt von den Blättern der Lotuspflanze, nur an einer einzigen Stelle gibt es eine kleine Stelle, die frei ist von Blättern. Wie groß ist die Wahrscheinlichkeit, dass die Schildkröte zweimal hintereinander an gerade dieser Stelle auftaucht? Sie ist um ein Vielfaches größer als die Aussicht, als ein Mensch wiedergeboren zu werden. Wahrscheinlicher hingegen ist die Wiedergeburt in Gestalt einer der anderen Arten von Lebewesen.

Lebewesen wie Menschen oder Tiere besitzen einen eigenen Körper, der die Seele umschließt. Alle Seelen ähneln sich in ihrer Beschaffenheit, doch passen sie sich gleichzeitig an den Körper des jeweiligen Individuums an, in den sie inkarniert wurden. So ist beispielsweise die Seele in einem Insekt in ihrer Struktur nicht kleiner als jene, die in menschlicher Gestalt verkörpert ist. Vielmehr verfügt jede Seele über die Fähigkeit, sich dem jeweiligen Körper anzugleichen. Sie kann sich ausdehnen oder zusammenziehen und passt sich auf diese Weise an die Form und den Umfang des Körpers an. Daneben gibt es auch Formen der Verkörperung, bei denen sich mehrere Seelen einen Körper teilen. Dies trifft beispielsweise für bestimmte Pflanzen zu, aber auch für Elementarwesen.

Die Elemente Erde, Wasser, Feuer und Luft sind etwa eine Ansammlung oder Häufung winziger Wesen, die als beseelt gelten. Sie sind allerdings nur sichtbar, wenn sie in einer größeren Zusammenballung auftreten, und können dann als Erdklumpen, als Flamme oder als Windstoß wahrgenommen werden. Das Dasein der Elementarwesen gilt als ähnlich leidvoll wie jenes der Höllenwesen, da sie beständigen Angriffen ausgesetzt sind. So werden die Feuerwesen durch das Wasser geschädigt, die Wasserwesen wiederum werden verletzt, wenn sie von den Lebewesen getrunken werden, und die Erdwesen sind jeder Veränderung des Bodens ausgesetzt und leiden, wenn ein Feld gepflügt wird oder der Fuß eines Lebewesens einen Erdklumpen zerquetscht. Die Luftwesen können beispielsweise beim Sprechen beschädigt werden, weshalb jainistische Mönche und Nonnen meist ein kleines Stück Stoff vor dem Mund halten, während sie sprechen.

Eine Eigenschaft der Elementarwesen ist, dass sie mit nur einem einzigen Sinn versehen sind, nämlich dem Tastsinn, und somit über die Fähigkeit des Empfindens oder Fühlens verfügen. Die jainistische Lehre teilt alle beseelten Wesen und Verkörperungen in fünf Kategorien ein, die sich nach der Anzahl der in ihnen vorhandenen Sinne richtet. Es gibt demzufolge Wesen mit nur einem einzigen Sinn und solche, die über zwei, drei, vier oder fünf Sinneswahrnehmungen verfügen. Diese Sinne umfassen die Fähigkeiten des Tastens, des Schmeckens, des Riechens, des Sehens und des Hörens.

Zu den Wesen mit nur einem einzigen Sinn gehören neben den Elementarwesen auch die Pflanzen. Einige dieser ›einsinnigen‹ Wesen, beispielsweise die in der Luft verkörperten Windwesen, sind für den Menschen nicht sichtbar. Zu den Lebewesen mit zwei Sinneswahrnehmungen gehören die verschiedenen Arten von Wirbellosen und Weichtieren. Diese verfügen neben dem Tast- auch über Geschmackssinn.

Lebewesen mit drei Sinnen besitzen neben dem Tast- und Geschmackssinn auch ein Geruchsempfinden. Zu dieser Kategorie zählen beispielsweise zahlreiche Insekten- und Spinnenarten. Andere Insekten wie etwa Fliegen, Wespen und Termiten besitzen darüber hinaus auch die Fähigkeit zu sehen und werden daher der Kategorie von Lebewesen mit vier Sinneswahrnehmungen zugerechnet.

Zur höchsten Kategorie gehören jene Lebewesen, die über alle fünf Sinne verfügen. Dazu gehören neben Säugetieren, Vögeln und Fischen auch Götter und Höllenbewohner. Diese Kategorie zerfällt wiederum in zwei Untergruppen, nämlich in jene Lebewesen, die denkfähig sind, und solche, die lediglich über einen Instinkt verfügen. Als denkfähige Wesen gelten der Mensch und die Götter sowie die meisten Säugetiere. Die Denkfähigkeit äußert sich nach jainistischer Vorstellung darin, dass diese Wesen zwischen Vergangenheit, Gegenwart und Zukunft unterscheiden können und auf diese Weise zur Erinnerung und zu vorausschauendem Handeln fähig sind. Die mittels ihres Instinktes gelenkten Tiere leben hingegen stets im Moment.

Körper

Ein weiterer Aspekt der Verkörperung der Seele ist schließlich die Beschaffenheit des Körpers selbst. Die jainistische Philosophie geht von fünf unterschiedlichen Arten von Körpern (*śarīra*) aus.

Die unterste Stufe bildet der grobstoffliche oder physische Körper (*audārika-śarīra*) von Menschen und Tieren. Dieser kann mit den Sinnen erfasst, also gesehen oder ertastet werden und ist in seiner Form und Gestalt nicht wandelbar. Auf stofflicher Ebene besitzt dieser Körper die geringste Dichte und besteht aus einer geringen Masse von Materie (*pudgala*).

Eine höhere Stufe bildet der Transformationskörper (*vaikriya-śarīra*). Dieser ist stärker verdichtet und nimmt daher weniger Raum ein. Er kann in seiner Form oder Größe verändert werden und bietet gleichzeitig die Möglichkeit der Unsichtbarkeit. Solche wandelbaren Körper sind vor allem Göttern und Höllenwesen eigen, können aber auch von Menschen erlangt werden.

Der Translokationskörper (*āhāraka-śarīra*) kann von weit fortgeschrittenen Meistern für eine kurze Zeitspanne erzeugt werden, um an weitentfernte Orte innerhalb des Kosmos zu reisen. Er wird verwendet, um den Jina und Heilige in entlegenen Weltgegenden zur Verehrung aufzusuchen oder um bedeutende Lehrer an fernen Orten in wichtigen Lehrfragen zu konsultieren. Dieser Körper ist von weißer Farbe und nur etwa eine Handlänge groß, um weite Reisen zu bewältigen und dabei alle Hindernisse in einem begrenzten Teil innerhalb des Kosmos zu überwinden. Er entspringt dem physischen Körper seines Schöpfers und wird von diesem wieder aufgenommen, sobald er seine Aufgaben erfüllt hat.

Der Feuerkörper (*taijasa-śarīra*) besteht aus feuriger Materie und dient zur Verdauung. Dieser Körper ist in jedem Wesen vorhanden, aber für die menschlichen Sinne nicht wahrnehmbar. Wer den Feuerkörper zu beherrschen vermag, kann mit ihm Hindernisse jeglicher Art überwinden oder den Kosmos durchschreiten.

Der Karmakörper (*kārmana-śarīra*) existiert auf feinstofflicher Ebene und nimmt den geringsten Raum von allen Körpern ein. Ähnlich wie der Feuerkörper ist er in allen Wesen vorhanden und auch mit ihm können Hindernisse überwunden und der Kosmos durchschritten werden. Der Karmakörper ist die Ursache jeder weltlichen Existenz in all ihren Formen und Aspekten, einschließlich der anderen Körperarten. Er befindet sich in einem Zustand steter Erneuerung, in dem neutralisierte Karmapartikel abgeworfen werden und neu gebundenes Karma an ihn anhaftet. Der Karmakörper ist für die menschlichen Sinne nicht wahrnehmbar, er umschließt die Seele. Ist das Dasein eines Individuums beendet, so begleitet der Karmakörper die Seele an den Ort ihrer Wiedergeburt und ist bestimmend für die Art der neuen Verkörperung.

Seelenfarben

Das Verhalten des Individuums hat Auswirkungen auf den Seelenzustand (*bhāva*) und damit verbunden auch auf die Farbe, welche die Seele annimmt. Die jainistische Philosophie unterscheidet sechs Seelenfarben, die die ethische und moralische Entwicklungsstufe der Seele und, damit verbunden, die Bindung von entsprechendem Karma reflektieren. Diese sechs Kategorien werden in der jainistischen Überlieferung anhand von verschiedenen kurzen Erzählungen illustriert. Darunter ist die Parabel von den Früchten des Rosenapfelbaumes am weitesten verbreitet, die hier in verkürzter Form nacherzählt wird.

Einst befanden sich sechs Männer auf Wanderschaft. Sie waren schon lange gewandert, und sie alle plagte der Hunger. Da sahen sie am Wegesrand einen gewaltigen Obstbaum, der reife Früchte trug. Doch der Baum war sehr hoch und der Aufstieg gefährlich. So überlegten sie, wie sie an die Früchte kommen könnten. Der erste Wanderer schlug vor, den ganzen Baum zu fällen, um so die Früchte zu ernten und auf dem Stamm gemütlich sitzend zu verspeisen. Der zweite Wanderer hingegen meinte, sie sollten die starken Äste absägen, an denen die Früchte hingen, den Stamm aber stehenlassen, denn einen solch großen Baum dürfe man nicht unnötig fällen. Der dritte Wanderer aber warf ein, es würde genügen, die Zweige mit den Früchten abzureißen. Die starken Äste sollte man nicht antasten, um dem Baum nicht unnötig zu schaden. Der vierte Wanderer schließlich wollte nur die Triebe mit den Früchten abschneiden, denn nur die Früchte sind essbar, nicht aber die Zweige. Dem fünften Wanderer war auch dies zu viel. Er verlangte, dass nur die Früchte selbst durch Rütteln und Schütteln am Stamm herabgeholt werden sollten, um dem Baum nicht zu schaden. Der sechste Wanderer schließlich sagte, dass nur die herabgefallenen reifen Früchte aufgesammelt werden dürften, denn sonst würden ihrer aller Seelen als Höllenwesen wiedergeboren werden.

Die unterschiedlichen Verhaltensweisen der sechs Wanderer versinnbildlichen die unterschiedlichen Entwicklungsstufen der Seele, die durch verschiedene Seelenfarben (*leśyā*) gekennzeichnet sind. Diese werden im Verlauf der Erzählung folgendermaßen erklärt:

Der erste Wanderer steht für eine schwarze Seelenfarbe. Dies ist ein brutaler Mensch, der keine Rücksicht auf andere Geschöpfe nimmt und sogar Freude daran empfindet, sie zu quälen.

Der zweite Wanderer steht für die dunkelblaue Seelenfarbe. Dies ist ein betrügerischer und bestechlicher Mensch, der nur wenig Rücksicht nimmt.

Der dritte Wanderer steht für die graue Seelenfarbe. Dies ist ein zorniger und aufbrausender Mensch, der die Folgen seiner Taten nicht bedenkt und zu unbedachtem Handeln neigt.

Der vierte Wanderer steht für die rote Seelenfarbe. Dies ist ein freigiebiger und kluger Mensch, der sich der Wirkung des Karmas bewusst ist.

Der fünfte Wanderer steht für die gelbe Seelenfarbe. Dies ist ein mitfühlender und großzügiger Mensch, der den richtigen Glauben kennt und danach handelt.

Der sechste Wanderer schließlich steht für die weiße Seelenfarbe. Dies ist ein Mensch, der auf dem Erlösungsweg weit fortgeschritten ist und vom rechten Verhalten nicht abweicht.

Funktion und Wirkung von Karma

In den meisten indischen Religionen herrscht eine grundlegende Einigkeit über den Glauben an einen Geburtenkreislauf und die damit verbundene Seelenwanderung. Jainas, Buddhisten und Hindus gehen gleichermaßen davon aus, dass jedes Wesen nach seinem Tod wiedergeboren wird und dass die Art der jeweiligen Existenz und das Schicksal jedes Lebewesens an die Handlungen in früheren Existenzen gebunden sind. Dieser Mechanismus von Tatvergeltung wird als *Karma* (›Handlung‹) bezeichnet. Ein grundlegender Unterschied der verschiedenen religiösen Lehren besteht in der Frage, welche Schlüsse aus dieser Weltordnung zu ziehen sind, d. h. wie sich der Mensch verhalten sollte, um eine günstige Wiedergeburt zu erlangen oder im Idealfall erlöst zu werden und damit ein Ausscheiden aus dem Geburtenkreislauf zu erreichen.

Der Glaube, dass die in der Vergangenheit getätigten Handlungen auch Auswirkungen auf die Gegenwart haben können, ist mittlerweile zum Bestandteil westlichen Denkens geworden, wenngleich in einer meist sehr stark vereinfachten Weise. Im Zuge dieser Entwicklung ist auch der Begriff »Karma« schon vor geraumer Zeit in die westlichen Sprachen eingeflossen und zu einem Synonym für ein selbst herbeigeführtes Schicksal geworden. Wenn uns ein Missgeschick ereilt, dann sprechen wir heute von »schlechtem Karma«, oder wenn uns etwas gelingt, dann liegt das am »guten Karma«. In den indischen Religionen wird hingegen nicht zwischen »gutem« und »schlechtem« Karma unterschieden. Die Auswirkungen und die dahinter vermuteten Mechanismen unterscheiden sich in verschiedenen Traditionen, doch herrscht eine gewisse Einigkeit darüber, dass die Bindung von Karma an sich – ohne Unterscheidung von gut oder schlecht – das Dasein und die Verkörperung der Seele bestimmt.

Der Glaube an Existenz und Wirkung von Karma bildet im Jainismus ebenso wie im Buddhismus nach den vorliegenden Quellen von Anfang an einen zentralen Bestandteil der Lehre. Das dahinterstehende Konzept ist in beiden Religionen untrennbar verbunden mit der Vorstellung eines Kreislaufs fortwährender Wiedergeburten. Historisch betrachtet ist der Glaube an eine Tatvergeltung über die gegenwärtige Existenz hinaus erstmals eindeutig in einigen Werken der *Upaniṣad*-Literatur ausformuliert, die um 500 v. Chr. verfasst wurden. Erste Ansätze einer solchen Vorstellung finden sich allerdings bereits in früheren Quellen, doch in der viel älteren vedischen Religion ist diese Vorstellung noch nicht vorhanden. Die asketischen Reformbewegungen, zu denen Jainismus und Buddhismus gehören, greifen dieses Konzept auf und machen es zu einem zentralen Bestandteil ihrer Lehre. Dabei gibt es jedoch grundlegende Unterschiede in der Wesensart des Karmas: Während im Buddhismus und in den hinduistischen Religionen darin die Gesetzmäßigkeit von Ursache und Wirkung gesehen wird, die auf vielfältige Weise und über die gegenwärtige Existenz hinaus wirken kann, geht die jainistische Lehre von Karma als einer Substanz aus, deren feinstoffliche Partikel der Seele anhaften und ihr Schicksal auf diese Weise bestimmen. Die Vorstellung von Karma nicht als einer geistigen Entität, sondern als Substanz wird oft als Beleg für das hohe Alter des Jainismus angeführt. Ebenso wie in der Vorstellung, dass die Elemente belebt seien, wird darin der Rest eines animistischen Weltbildes vermutet. Dies kann zwar nicht ausgeschlossen werden, doch ist es ebenso gut möglich, dass diese Vorstellungen erst später und im Zuge der Missionierung in die jainistische Weltanschauung eingeflossen sind.

Karmapartikel sind für das menschliche Auge nicht sichtbar. Die jainistische Lehre unterscheidet zwischen grobstofflicher, feinstofflicher und feinststofflicher Materie. Die Verkörperung geschieht meist auf grobstofflicher Ebene. Die Karmapartikel existieren hingegen auf subatomarer Ebene und gehören somit zur feinstofflichen Materie.

Die Wirkung des Karmas auf die Seele vollzieht sich in mehreren Schritten. Dem liegt zunächst die Annahme zugrunde, dass alle Handlungen entweder positive oder negative Auswirkungen nach sich ziehen und eine Bindung von entsprechendem Karma bewirken. Die Seele, die als geistige Entität ursprünglich frei ist von stofflicher Anhaftung, wird auf diese Weise von Karmapartikeln umschlossen. Die Karmapartikel strömen ein und heften sich an die Seele. So kommt es zur Bildung des Karmakörpers. Dieser Vorgang kann durch rechtes

Verhalten zum Stillstand gebracht und die Karmapartikel schließlich aufgelöst und in ihrer Wirkung neutralisiert werden. Dies befreit die Seele von allem Karma und führt sie zur Erlösung.

Die jainistische Karmatheorie unterscheidet 148 Arten von Karma, die in acht Kategorien zusammengefasst werden.

1. Wissen verschleierndes Karma (*jñānāvaraṇīya*) bewirkt, dass die als allwissend gedachte Seele bei der Erkenntnis der Wahrheit behindert wird.
2. Sicht verschleierndes Karma (*darśanāvaraṇīya*) verhindert, dass die Dinge in ihrer tatsächlichen Gestalt erkannt und geschaut werden können.
3. Gefühl verursachendes Karma (*vedanīya*) bewirkt die Empfindung von Glück und Leid und verdunkelt auf diese Weise die der Seele innewohnende Seligkeit.
4. Täuschung verursachendes Karma (*mohanīya*) verursacht Verblendung und verhindert die Sicht auf das rechte Wissen, wodurch Leidenschaft und Begierde erweckt wird.
5. Lebensdauer bestimmendes Karma (*āyuṣya*) verleiht dem Individuum, worin die Seele verkörpert ist, eine bestimmte Lebensspanne.
6. Namensgebendes Karma (*nāman*) bestimmt die körperlichen Eigenschaften und die individuellen Merkmale und bewirkt auf diese Weise die Einzigartigkeit jedes Lebewesens.
7. Familienbestimmendes Karma (*gotra*) bestimmt die soziale Herkunft und das Ansehen eines Lebewesens.
8. Hemmendes Karma (*antarāya*) behindert die Willens- und Entschlusskraft der Seele und hält sie vom rechten Handeln ab.

Die oftmals langfristige Wirkung, die nach jainistischer Überzeugung durch die Bindung von Karma verursacht werden kann, und die oft unterschiedliche Wirkweise der unterschiedlichen Arten von Karma lässt sich an einem Beispiel aus der Mahāvīra-Legende zeigen. Dort wird berichtet, dass Mahāvīra sich zuerst als Embryo im Körper einer Brahmanin inkarnierte und dies von den Göttern korrigiert werden musste, da nur die Herkunft aus adeliger Familie für den künftigen Jina angemessen sei:

> Niemals geschah es, noch geschieht es oder wird es künftig geschehen, dass Arhats, Cakravartins, Baladevas oder Vasudevas in eine niedere Familie, eine niederste Familie, eine arme Familie, eine mittellose Familie, eine bedürftige Familie, eine Bettlerfamilie oder eine Brahmanenfamilie eintreten, eintraten oder eintreten werden. Tatsächlich ist es so, dass Arhats, Cakravartins, Baladevas oder Vasudevas in edle Familien, reiche Familien, königliche Familien, die Ikṣvāku-Familie, in Kṣatriya-Familien, in die Harivaṃśa-Familie oder in die Familie irgendeiner anderen reinen [d. h. höheren] Kaste eintraten. (*Kalpasūtra* § 17)

Diese Episode wird religionshistorisch mit einer Herabsetzung der Brahmanen durch die Jainas erklärt. Die Vorstellung, dass die Kriegerkaste den Brahmanen überlegen sei, ist jedoch keine ursprünglich jainistische Idee, sondern wird bereits im *Chāndogyopaniṣad* angedeutet und auch im altindischen Epos *Mahābhārata* ausgeführt. Hemacandra hingegen erklärt diese Episode durch die Wirkung einer bestimmten Art des Karmas. Demnach entwickelte Mahāvīra während einer früheren Existenz als Marīci einen übertriebenen Stolz auf seine Abstammung und die Großartigkeit seiner Familie, wodurch eine besondere Form von Karma gebunden wurde. Marīci, der Sohn Bharatas und Enkel des ersten Jina Ṛṣabha, folgte als Asket zunächst seinem Großvater, empfand schließlich jedoch das Asketenleben als zu entbehrungsreich und konnte die Gelübde nicht einhalten. Als Ṛṣabha nach dem Erlangen der Allwissenheit seinen Enkel über einige seiner künftigen Existenzen aufklärte und Marīci erfuhr, dass er einst als Held, als Weltenherrscher und schließlich als letzter Jina wiedergeboren werden würde, verleitete ihn das zu der Einschätzung, der höchsten Familie von allen anzugehören, und durch diesen hochmütigen Stolz auf die eigene Kaste wurde das Karma ›niedere Familie‹ (*nīcagotra*) gebunden, das als Resultat von ›Stolz auf die Familie‹ (*kulamada*) oder ›Stolz auf die Kaste‹ (*jātimada*) am Ende zum Herabstieg in den Leib der Brahmanin Devānandā führte.

Stufen zur Erlösung

Die Erlösung kann nach jainistischer Vorstellung nicht auf geradem Wege innerhalb eines einzigen Lebens erreicht werden. Der Erlösungsweg wird vielmehr über unzählige Existenzen hinweg beschritten. Wie bereits dargelegt, erfährt die Seele fortwährend neue Wiedergeburten, deren Qualität durch das Karma bestimmt wird. Der Aufstieg erfolgt stufenweise und über einen sehr langen Zeitraum. Währenddessen wandert die Seele von einer Existenz zur nächsten und kann durch rechtes Verhalten die Stufen erklimmen oder aber durch Fehlverhalten auf ihrem Weg jederzeit wieder hinabstürzen. Dieser schrittweise Aufstieg aus Unwissenheit und Irrglauben hin zur Vollkommenheit und Erlösung besteht aus 14 ›Tugendstufen‹ (*guṇasthāna*). Die Anordnung dieser Stufen folgt dem Grad spiritueller Reinheit der Seele und ist nicht als ein kontinuierlicher Aufstieg zu verstehen. Die Verweildauer auf jeder Stufe ist unterschiedlich lang und hängt vom Verhalten des Individuums ab, in dem die Seele verkörpert ist. Dabei kann ein Absturz auf eine untere Stufe kurz und vorübergehend sein, oder aber die Seele muss von der niedrigen Stufe erneut mit dem Aufstieg beginnen. Die Stufen spiegeln den Seelenzustand, der sich verändern kann, während das Individuum, in dem die Seele verkörpert ist, seinen Lebensweg beschreitet. Daher ist ein Wechsel von einer Stufe zur nächsten einerseits während der Lebensspanne des Individuums möglich, andererseits kann der Auf- oder Abstieg nach der Wiedergeburt als Resultat der vorherigen Existenz stattfinden und beeinflusst damit auch die Form der Verkörperung.

Grundsätzlich ist davon auszugehen, dass jede Seele den Erlösungsweg beschreiten kann, denn in ihrer reinen Form trägt sie die zur Erlösung notwendigen Wahrheiten über das richtige Wissen, den richtigen Glauben und das richtige Verhalten in sich. Dennoch gilt ein Teil der im Kosmos existierenden Seelen als nicht erlösungsfähig. Diese Einschränkung mag der Ewigkeit des Universums geschuldet sein. Durch die zyklische Wiederholung der Zeitalter, worin jeweils eine Reihe von Jinas erscheint und den Weg zur Erlösung beschreitet, würde trotz der unendlich langen Zeitspannen und der unendlich großen Zahl an Seelen im Kosmos dennoch irgendwann jede Seele als Jina inkarniert und erlöst werden. Da dies eine Entleerung des Kosmos zur Folge hätte und damit die als ewig vorgestellte Mechanik der jainistischen Kosmologie untergraben würde, haben jainistische Denker die Erlösungsunfähigkeit bestimmter Seelen festgestellt. Diese Seelen verharren in der Regel auf der untersten Stufe und erklimmen nicht die höheren Ebenen zur Erlösung.

V. Religiöse Praxis

Die Aufspaltung des Jainismus in zahlreiche Schulen führt zu einer Vielzahl teils ähnlicher, teils aber auch deutlich unterschiedlicher Traditionen. Dies zeigt sich zunächst im unterschiedlichen Umgang mit Kultbildnissen, die von einigen Schulen im täglichen Ritual verwendet werden, während andere die Nutzung religiöser Bildnisse ablehnen. Einer Bilderverehrung stellten sich während der letzten Jahrhunderte schließlich mehrere Reformbewegungen entgegen, welche die reine Lehre in den Mittelpunkt des Glaubens zurückführen wollten. In diesem Sinne prägen heute bilderverehrende (*mūrtipūjaka*) und bilderfeindliche Strömungen gleichermaßen die religiöse Praxis der Jainas. Wie die jainistische Lehre von den Gläubigen gelebt wird, richtet sich also nach der Zugehörigkeit des Einzelnen zu einer bestimmten Schule oder Gemeinde. Auch in der asketischen Praxis der Mönchs- und Nonnengemeinden herrschen Unterschiede. Dies zeigt sich insbesondere im Vergleich der weißgekleideten Śvetāmbaras und der nacktgehenden Digambaras. Vor diesem Hintergrund können hier nur die grundlegenden Gemeinsamkeiten der Religionsausübung im Jainismus umrissen und einige ausgewählte Beispiele religiöser Praktiken erläutert werden.

Die jainistische Gemeinde

Die Gemeinde (*saṅgha*) setzt sich zusammen aus dem *Asketenorden* der Mönche und Nonnen sowie dem *Laienstand*, in dem die Gläubigen vereinigt sind. Bereits in der kanonischen Literatur der Śvetāmbaras ist die ›vierfache Gemeinde‹ (*caturvidhasaṅgha*), bestehend aus Mönchen (*sādhu*) und Nonnen (*sādhvī*) sowie Laienanhängern männlichen (*śrāvaka*) und weiblichen (*śrāvikā*) Geschlechts überliefert. Die Jina-Legende berichtet, dass, unmittelbar nachdem Mahāvīra die Allwissenheit erlangt hatte, die vierfache Gemeinde zusammenkam, um die erste Predigt des Jina zu hören. Die Illustrationen frühneuzeitlicher Handschriften der Jainas zeigen häufig die vierfache Gemeinde, die bei Versammlungen stets nach Geschlechtern getrennt gruppiert ist. Diese Tradition einer Trennung der Geschlechter bei Predigten oder anderen Zusammenkünften wird von vielen Gemeinden bis heute praktiziert, lockert sich insbesondere in den Diasporagemeinden Nordamerikas jedoch allmählich.

Es ist allerdings nicht überliefert, wann sich der jainistische Laienstand formierte, doch dürfte dies mit einer wachsenden Zahl von Anhängern der jainistischen Erlösungslehre zusammenhängen. Aus historischer Sicht sind jainistische Laienanhänger allerdings erst seit dem 1. Jh. v. Chr. in der Region von Mathurā fassbar, wo sie in den Inschriften steinerner Votivtafeln als Stifter genannt werden. Auch die Produktion steinerner Kultbilder des Jina in den Werkstätten von Mathurā kann als Beleg für einen gefestigten Laienstand gedeutet werden, dessen Anhänger Bilder des Erlösers aus unvergänglichem Material herstellen ließen. Die Anfertigung von Bildnissen des Jina und die daran anschließende Bilderverehrung war im frühen Jainismus eine Angelegenheit des Laienstandes. Die Wanderasketen hatten hingegen keinerlei Verwendung für Kultbilder und Ritualobjekte, denn diese standen der Auffassung von Besitzlosigkeit und Weltabkehr entgegen.

Die frühjainistische Gemeinde bestand anfangs vermutlich aus Gruppen umherziehender Asketen ohne eine spezifisch jainistische Laienanhängerschaft. Die ältesten erhaltenen Schriften wenden sich dementsprechend ausschließlich an die Asketen. Erst zu einem späteren Zeitpunkt kommen die Laienanhänger als Hörer (*śrāvaka*) oder Gläubige (*śrāddha*) in der

Überlieferung vor. Ob durch die Einrichtung eines Laienstandes in erster Linie die Versorgung einer wachsenden Zahl jainistischer Wanderasketen gesichert werden sollte oder ob eine weitläufige Verbreitung jainistischer Glaubensvorstellungen innerhalb der Bevölkerung dem Fortbestand der Lehre dienen sollte, ist nicht überliefert. Die Literatur der Śvetāmbaras enthält dazu keinerlei Hinweise und zeichnet stattdessen das Bild einer ewig existierenden vierfachen Gemeinde als Bestandteil der jainistischen Weltordnung. Im Gegensatz zu den Śvetāmbaras praktizieren die Digambaras keine Nonnenordination, daher besteht der Asketenorden hier allein aus Mönchen.

In der älteren Forschungsliteratur des 19. und frühen 20. Jh. wurde gelegentlich die Frage nach dem »echten« Jainismus gestellt, der in seiner reinen Form zu Lebzeiten Mahāvīras bestanden habe und eine reine Asketenlehre ohne Laienrituale gewesen sei. In diesem Sinne wurde oft behauptet, dass die Mönchs- und Nonnengemeinden der »wahren« Lehre folgen, während die religiöse Praxis der Laien eine Verfälschung der ursprünglichen asketischen Erlösungsstrategie bedeute. Diese Auffassung, die allein auf dem Studium der altindischen Textüberlieferung beruhte und damit eine sehr einseitige Position einnahm, wird von der modernen Jainismusforschung zurückgewiesen. Tatsächlich bilden Asketengemeinde und Laienstand gemeinsam den Jainismus als ein religiöses System, und obwohl sich die religiöse Praxis von Asketen und Laien unterscheidet, folgen beide Gruppen demselben Erlösungsweg. Die Jainas selbst beschreiben das Zusammenwirken von Asketen und Laien gelegentlich mit dem Bild von zwei Rädern eines Wagens, der die ethischen und religiösen Vorstellungen des Jainismus auf seiner Reise durch die Menschheitsgeschichte transportiert.

Die spirituelle Führung der Gemeinde obliegt den Asketen,

die organisatorische Leitung wird hingegen von besonders verdienten Laien übernommen. Innerhalb einiger mittelalterlicher Śvetāmbara-Gemeinden wurde zur Führung der Gemeinden und Tempel das Amt des *Yati* geschaffen. Dabei handelte es sich um Mönche, die weniger streng an die Gelübde gebunden waren oder diese nach ihrem Ermessen auslegten. Aus historischer Sicht gehen die *Yatis* wohl auf die tempelbewohnenden Mönche (*caityavāsin*) zurück. Einige *Yatis* gründeten Familien und erwarben Wohlstand. Neben der Verwaltung der Gemeinde führten sie die Bibliotheken, vollzogen gegen Bezahlung Rituale in den Tempeln oder unterrichteten die Gläubigen. Ihr Status innerhalb der Gemeinden war ambivalent. Einerseits wurden die *Yatis* aufgrund ihres Einflusses respektiert und gelegentlich aufgrund zugeschriebener Zauberkräfte gefürchtet, andererseits brachten die Gläubigen ihnen eine gewisse Geringschätzigkeit entgegen, da sie teils aus wenig angesehenen Familien stammten und sich nicht an die strengen Regeln der Mönchsdisziplin hielten.

Bei den Digambaras entstand im indischen Mittelalter die Tradition der ›Verehrungswürdigen‹ (*bhaṭṭāraka*). Die *Bhaṭṭāraka* waren in ähnlicher Weise wie die *Yatis* für organisatorische Aufgaben innerhalb der jainistischen Gemeinden und Institutionen zuständig. Als eine Art klerikale Instanz verwalteten sie Stiftungen, leiteten die den Tempeln angeschlossenen Bibliotheken und organisierten die Ausbildung von Schülern und Asketen oder übernahmen den Vorsitz bei Einweihungszeremonien. Ihr Amt entwickelte sich möglicherweise ebenso wie das der *Yatis* aus den mittelalterlichen *Caityavāsin*. Die *Bhaṭṭāraka* stehen institutionell zwischen Laienstand und Mönchsgemeinde. In diesem Sinne sind sie teilweise an die Einhaltung der Mönchsregeln gebunden, dürfen aber Transportmittel benutzen und Besitz erwerben. Im Mittelalter existierten 36 *Bhaṭṭāraka*-Sitze in allen Teilen Indiens; nur ein

Bruchteil davon besteht bis heute. Die verbliebenen *Bhaṭṭāraka* leiten heute einige der bedeutenden klösterlichen Zentren (*maṭha*) und Pilgerorte in Südindien.

Religiöse Praxis der Asketen

Die religiöse Praxis des Jainismus zielt auf eine möglichst umfassende Verwirklichung der Gewaltlosigkeit (*ahiṃsā*) im Leben der Menschen; dies gilt für die Asketen ebenso wie für die Laien. Dabei ist unbestritten, dass das menschliche Leben naturgemäß immer mit einer Ausübung von Gewalt einhergeht, wobei sich der Gewaltbegriff im Jainismus nicht allein auf die Ausübung körperlicher Gewalt beschränkt, sondern jeglichen Einfluss auf andere Wesen, der diesen Schaden zufügt, als gewaltsame Handlung einordnet und sogar gedachte Gewalt einschließt.

Das Leben der Mönche und Nonnen ist von strikten Regeln und strenger Disziplin geprägt, die sich innerhalb der verschiedenen jainistischen Richtungen unterscheiden. Die Aufnahme in den Asketenorden ist im Grunde für alle ab einem bestimmten Alter möglich, doch werden bestimmte Menschen ausgeschlossen. So dürfen beispielsweise kranke oder gebrechliche Menschen nicht ordiniert werden; ebenso ist Menschen, die niedrigen Gesellschaftsschichten angehören oder bestimmte Verfehlungen begangen haben, der Eintritt in den Asketenorden verwehrt. In jedem Fall ist zur Ordination die Erlaubnis der Eltern oder der Familie notwendig.

Das Leben der Asketen ist durch strenge Vorschriften geregelt. Die Grundlage dafür bilden die fünf ›großen Gelübde‹ (*mahāvrata*), die auf den bereits vorgestellten ethischen Grundprinzipien des Jainismus beruhen und die von Mönchen und Nonnen unbedingt zu befolgen sind.

Die fünf großen Gelübde *(mahāvrata)*	
1. Gewaltlosigkeit (*ahiṃsā*)	Oberstes Gebot aller jainistischen Mönche und Nonnen ist die vollständige Abkehr von jeglicher Gewalt. Kein Lebewesen darf absichtlich oder unabsichtlich beschädigt oder getötet werden.
2. Wahrhaftigkeit (*satya*)	Mönche und Nonnen müssen stets die Wahrheit sprechen und dürfen weder absichtlich noch unabsichtlich lügen.
3. Nicht stehlen (*asteya*)	Mönche und Nonnen dürfen nur solche Gegenstände an sich nehmen, die ihnen entweder gehören oder angeboten werden.
4. Enthaltsamkeit (*brahmacarya*)	Mönche und Nonnen dürfen keinerlei geschlechtlichen Kontakt mit anderen Personen pflegen. Auch entsprechende Gedanken sind nicht erlaubt.
5. Besitzlosigkeit (*aparigraha*)	Mönche und Nonnen müssen weltlichen Besitz vollständig aufgeben. Dies schließt auch die Bindung an Familie und Verwandte ein.

Während die ersten vier Gelübde das grundlegende Verhalten der Asketen eindeutig abstecken, ist das fünfte Gelübde, das über den Besitz der Mönche und Nonnen bestimmt, immer wieder verhandelt worden. Daher ist die Besitzlosigkeit der Mönche im Jainismus in besonderer Weise geregelt. Der Überlieferung zufolge verschärfte Mahāvīra die Asketenregeln und verbot seinen Anhängern jeglichen Besitz, was auch einfachste Kleidung einschloss. Auf diese Überlieferung berufen sich die Digambaras. Aus textgeschichtlicher Sicht ist diese Frage jedoch etwas komplexer. Das frühe Asketentum kannte offenbar noch keine Vorschriften zu Kleidung und Ausrüstung der Mönche und Nonnen. Erstmals wird dieses Thema in der *Oghaniryukti* aufgegriffen, einem spätkanonischen Werk, das nach allgemeiner Auffassung zwischen 250 und 500 n. Chr. verfasst wurde. Schließlich wurde es zu einem wichtigen Element der Śvetāmbara-Dogmatik und der mittelalterlichen Mönchsdisziplin. Da die Mönche und Nonnen zur Besitzlosigkeit (*aparigraha*) verpflichtet sind, bestand die Notwendigkeit einer einheitlichen Regelung über die wenigen erlaubten Gegenstände. Diese galten fortan nicht als Besitz (*parigraha*) und waren den Asketen im alten Indien als Eigentum erlaubt. Neben der Robe (*vastra*) gehört dazu vor allem das Mundtuch (*mukhavastrikā*), die Almosenschale (*pātra*), der Feger (*rajoharaṇa*) und der Wanderstab (*daṇḍa*), wobei die Begründungen für die Notwendigkeit der einzelnen Gegenstände in den Texten zur Mönchsdisziplin teilweise voneinander abweichen. Im alten Indien besaßen Mönche und Nonnen mehrere Roben, die aus unterschiedlichen Stoffen wie Wolle, Leinen, Hanf, Baumwolle oder auch aus Rinde gefertigt waren. Zur Farbe des Gewandes finden sich keine Angaben, doch war die von den Śvetāmbaras später eingeführte Beschränkung auf weiße, d. h. ungefärbte Stoffe in der frühen Zeit vermutlich noch nicht verbreitet. Erstmals nachweisbar ist eine weiße Gewandung jainistischer Mönche und Nonnen in den Illustrationen in mittelalterlichen Handschriften aus dem nordwestlichen Indien (Gujarat und Rajasthan).

Neben dem Gewand gehört zur Bekleidung der Mönche und Nonnen auch noch ein Mund- oder Gesichtstuch (*mukhavastrikā*), das entsprechend der Oghaniryukti zum einen verhindern soll, dass beim Fegen aufgewirbelte Insekten in Mund und Nase gelangen, und zum anderen dazu dient, Staub und darin enthaltene Kleinstlebewesen vom Gesicht zu wischen. Die in den mittelalterlichen Handschriften abgebildeten Mönche und Nonnen halten das Mundtuch entweder in der Hand oder tragen es abgelegt auf der rechten Schulter. Nirgends jedoch wird das Tuch vor den Mund gehalten oder gebunden dargestellt, wie es heute bei der jainistischen Reformgemeinde der Śvetāmbara-Terāpanthī üblich ist. Es darf auch nicht verwechselt werden mit jenem Tuch, das sich Jaina-Laien bei der Verehrungszeremonie (*pūjā*) vor das Gesicht binden.

Die Śvetāmbara-Mönche und -Nonnen besitzen zumeist zwei Almosenschalen aus Ton oder Holz, wobei die eine für feste und die andere für flüssige Nahrung verwendet wird; Metallgefäße sind nicht erlaubt. Beide Schalen werden auf Reisen aufeinander gesetzt an einer Tragschnur gehalten. Das Essgeschirr wird durch weitere Utensilien vervollständigt, darunter ein den Schalen zugehöriger Deckel und ein Untersetzer sowie mehrere Leintücher. Den Digambara-Mönchen ist der Besitz einer Almosenschale hingegen nicht gestattet; sie empfangen die Nahrungsspenden in der bloßen Hand, so wie es das *Kalpasūtra* auch von Mahāvīra überliefert. Ein Feger mit hölzernem Griff und Fransen aus Schaf- oder Kamelwolle, Hanf, Gras oder Rohr dient den Wanderasketen zum Reinigen jener Flächen, auf denen sie sich niederlassen oder etwas ablegen wollen. Bei den Digambaras sind eine Wasserschale und ein Feger aus ausgefallenen Pfauenfedern die einzig erlaubten Gegenstände, die ein Mönch besitzen darf.

Die Wanderschaft war für die Mönche und Nonnen im alten und mittelalterlichen Indien stets mit Gefahren verbunden. Oft sahen sie sich den Angriffen wilder Hunde oder feindseliger Menschen ausgesetzt, weshalb zur Ausrüstung auch ein Stab gehört, mit dem sich Wanderasketen notfalls zur Wehr setzen konnten. Schon im *Ācārāṅga* wird berichtet, dass Mahāvīra besonders in der Gegend von Lāḍha unter Angriffen zu leiden hatte. Dennoch legte er seinen Stab ab, um nicht gegen das Gebot der Gewaltlosigkeit zu verstoßen.

Das Leben der Mönche und Nonnen ist vollständig ausgerichtet auf den spirituellen Fortschritt. Ihr Tagesablauf ist straff organisiert und folgt entsprechend der verschiedenen Ordenstraditionen teils unterschiedlichen Abläufen. Um die geistliche Betreuung der außerhalb Indiens angesiedelten Diaspora-Gemeinden zu ermöglichen, schuf die Reformgemeinde der Śvetāmbara-Terāpanthī mit den *Samaṇī* eine Form des Nonnentums, der die Nutzung von Transportmitteln und das Reisen insgesamt erlaubt ist. Die meisten Samaṇī wechseln nach einigen Jahren in den Nonnenstand und führen fortan als Sādhvī ein Leben in strengster Askese.

Einen großen Teil des Tages verbringen die Mönche und Nonnen mit Meditation und dem Studium der heiligen Schriften. Die literarische Überlieferung zur Mönchsdisziplin nennt dabei sechs verbindliche Pflichten (*āvaśyaka*), die von den Mönchen und Nonnen zu erfüllen sind.

Die sechs Pflichten des Asketen (*āvaśyaka*)

1. *Gleichmut* (*sāmāyika*) und innere Gelassenheit durch Meditation
2. *Preisung* der 24 Jinas (*caturviṃśati-stava*)
3. *Verehrung* der spirituellen Lehrer (*guru-vandana*)
4. *Eingeständnis* (*pratikramaṇa*) von Verfehlungen und Bitte um Vergebung
5. *Loslassen* vom Ich durch Aufgeben des Körpers (*kāyotsarga*)
6. *Verzicht* (pratyākhyāna) auf Nahrung für eine bestimmte Zeit

Zum asketischen Leben gehört insbesondere die Einhaltung von Fastengeboten. Dies kann für einen festgesetzten Zeitraum den vollständigen Verzicht auf Nahrung bedeuten oder eine Einschränkung der Nahrungsaufnahme, etwa auf ein oder zwei Mahlzeiten am Tag. Die jainistische Literatur beschreibt verschiedene weitere asketische Übungen, mit deren Hilfe das an die Seele gebundene Karma schneller vernichtet werden soll.

Zu den extremen Formen der Askese gehört das Sterbefasten (*saṃlekhanā*), bei dem die tägliche Nahrungsaufnahme allmählich reduziert wird. Dieser Prozess kann sich über einen sehr langen Zeitraum erstrecken und bedeutet das Loslassen des Körpers und damit der gegenwärtigen Existenz. Die Seele soll so in einem angstfreien Zustand zu ihrer nächsten Wiedergeburt gelangen, damit gewährleistet ist, dass der bis dahin beschrittene Weg zur Erlösung im nächsten Leben fortgesetzt werden kann.

Religiöse Praxis des Laienstandes

Die Laienanhänger werden als ›Zuhörer‹ (*śrāvaka* [m.], *śrāvikā* [f.]) bezeichnet, womit jene Personen gemeint sind, die durch die Unterweisung gelehrter Mönche oder Lehrer (*upādhyāya*) die jainistische Lehre gehört haben und sich an die Laienregel (*śrāvakācāra*) halten. Ein besonderes Merkmal des Jainismus, so führte der Indologe Klaus Bruhn in seinen Vorlesungen stets aus, besteht in seinem besonderen Verhältnis zum Laienstand. Dieser wird innerhalb der schriftlichen Überlieferung einerseits sehr ernst genommen, andererseits zeigt sich aber eine Tendenz, aus dem Laien eine Art Mönch zu machen – ganz so, als sei der Laienstand nur ein reduzierter Mönchsstatus. In diesem Sinne folgen die Laien den ›kleinen Gelübden‹ (*anuvrata*), die im Grunde den Mönchsgelübden entsprechen, dabei jedoch weniger streng ausgelegt werden. Im Idealfall werden diese Gebote durch weitere, teils zeitlich begrenzte Gelübde (Speisegebote, Beschränkung des Besitzes, Reiseverbote usw.) ergänzt.

Die Lebensführung der Laien ist somit ebenfalls strengen Regeln unterworfen. Dabei existiert eine Form gegenseitiger

Kontrolle zwischen Asketen und Laien, bei der die Mönche und Nonnen die geistliche Leitung der Gemeinden übernehmen, aber gleichzeitig in der Einhaltung der Mönchsdisziplin vom Laienstand beaufsichtigt werden. So können einzelne Asketen, die sich über bestimmte Gebote hinwegsetzen und beispielsweise über verbotenen Besitz verfügen oder Fortbewegungsmittel benutzen, von den Gläubigen sanktioniert werden, indem sie ihnen die Anerkennung als Asketen verweigern. Diese Kontrolle beschränkt sich jeweils auf die eigene Gemeinde und wird nicht überall ausgeübt.

Zu den Aufgaben der Laien gehört weiterhin die Versorgung der Asketengemeinde und der Unterhalt religiöser Institutionen wie etwa der Tempel, Bibliotheken und Herbergen. Herbergen (*upāśraya*) dienen den Mönchen und Nonnen während ihrer Wanderung als Unterkunft und sind gleichzeitig Versammlungsort der Gemeinde. Durch die Stiftung von Tempeln, Bibliotheken und schließlich durch die Vervielfältigung von Handschriften sicherten die Laien jene Strukturen, die durch Ausbildung der Schüler und Unterweisung der Gläubigen den Fortbestand der Religion garantierten. Die im Mittelalter aufkommende Vorstellung, nicht allein durch Askese, sondern auch durch Stiftung eines Tempels der Erlösung näher zu kommen, veränderte den Jainismus nachhaltig. Die Vermehrung von Wohlstand und Reichtum zugunsten der Gemeinde wurde zur Pflicht des Laien.

Neben dem rechten Lebenswandel und der rituellen Verehrung der Jinas bestand die Aufgabe der Laien auch in der Versorgung der Asketen und in der Bereitstellung der notwendigen Gegebenheiten zur Ausübung der Religion. Dadurch erfüllen die jainistischen Laien im Rahmen ihrer jeweiligen Möglichkeiten gewissermaßen die Rolle verantwortungsbewusster Eltern, die für den Fortbestand der Gemeinden sorgen. In diesem Sinne ist wohl auch die besondere Wertschätzung der Eltern des Jina Mahāvīra zu verstehen. Deren Verehrung darf als eine theologische Erklärung dieser Funktion verstanden werden und steht somit auch für das Selbstverständnis eines Laienstandes, dessen Mitglieder sich ihrer Bedeutung für den Fortbestand der Religion durchaus bewusst waren.

Die rituelle Praxis der Gläubigen ist ausgerichtet auf die Anbetung der Jinas als entrückte Erlösergestalten sowie auf die Verehrung der Asketen, die der jainistischen Lehre durch Enthaltsamkeit und Gewaltlosigkeit in strenger Weise folgen und daher als Verkörperung des religiösen Ideals angesehen werden. Zusammengefasst werden Jinas und Asketen als Gruppe der ›fünf höchsten Wesen‹ (*pañca-parameṣṭhi*) verehrt. Dies sind die Erlösten (*arhat*), womit die aufgestiegenen Jinas gemeint sind, sowie die Vollendeten (*siddha*), die religiösen Führer (*ācārya*), die spirituellen Lehrer (*upādhyāya*) und die Asketen (*sādhu*). Die Verehrung dieser fünf höchsten Wesen wird durch das *Naṁaskāra Mantra* ausgedrückt. Dies ist eine im Jainismus weithin bekannte Ehrerbietungsformel und gleichzeitig eine Art jainistisches Glaubensbekenntnis, das von den Gläubigen mehrmals am Tag rezitiert wird:

Verehrung den Erlösten,	*ṇamō arihaṃtāṇaṃ*
Verehrung den Vollendeten,	*ṇamō siddhāṇaṃ*
Verehrung den religiösen Führern,	*ṇamō āyariyāṇaṃ*
Verehrung den spirituellen Lehrern,	*ṇamō uvajjhayāṇaṃ*
Verehrung allen Asketen,	*ṇamō loe savvasāhūṇaṃ*
Diese fünffache Anrufung vernichtet alle Sünden,	*eso paṃca ṇamokāro, savvapāvappaṇāsaṇo*
Von allen glückverheißenden Anrufungen ist dies die am meisten glückverheißende.	*maṅgalāṇaṃ ca savvesiṃ, paḍhamaṃ havai maṃgalaṃ*

Siddhacakra; Rajasthan, 18. Jh.; Museum Rietberg, Zürich,
Foto: Rainer Wolfsberger

Die älteste Fassung dieses Mantras ist in einer Inschrift des altindischen Herrschers Khāravela überliefert. Die Inschrift, die von den Eroberungen des Königs berichtet, ist in der ›Elefantenhöhle‹ (*hāthīgumphā*) der Höhlenklosteranlage von Udayagiri im ostindischen Unionsstaat Orissa angebracht und enthält in dieser frühen Fassung nur die zwei ersten Zeilen. In der jainistischen Literatur ist das *Namaskāra Mantra*

Jina-Bildnisse in einem Tempel; Rajasthan, 1972

in vollständiger Form erstmals in der ›erhabenen Belehrung mit Erklärungen‹ (*Bhagavatīvyākhyāprajñapti*, kurz: *Bhagavatī*) enthalten, einem der älteren Teile des Śvetāmbara-Kanons, und steht darüber hinaus am Anfang zahlreicher religiöser Texte wie etwa der im *Kalpasūtra* überlieferten Jina-Legende.

Als figürliche Darstellung der *Pañca-parameṣṭhi* schufen jainistische Künstler erstmals im 16. Jh. das ›Rad der Vollendeten‹ (*siddhacakra*) in Gestalt einer achtblättrigen Lotusblüte. Die vollendeten Wesen sind meist in relativ gleichförmiger Weise und in Gestalt predigender Wanderasketen, oft von unterschiedlicher Farbe, abgebildet; der Jina als höchster unter ihnen ist in der Bildmitte platziert. Die kurzen Aufschriften in den Zwischenfeldern verweisen zumeist auf die vier grundlegenden Qualitäten, die der Gläubige auf dem Erlösungsweg verinnerlichen sollte: die richtige Weltanschauung, das richtige Wissen, der richtige Lebenswandel und schließlich die Askese.

Das *Siddhacakra* gilt als ein Sinnbild der jainistischen Lehre. Über das Bild werden Lehre und Glaubensinhalte des Jainismus symbolisch komprimiert und für den Betrachter visuell erfahrbar. Neben gemalten Abbildungen des *Siddhacakra* auf Papier oder Stoff wurden Bronzefiguren des *Siddhacakra* angefertigt, die häufig im Altarbereich jainistischer Tempel aufgestellt sind. Dies ermöglicht es den Gläubigen, ihre Ehrerbietung gegenüber der jainistischen Lehre und den Glaubensinhalten zu zeigen. Gleichzeitig wird den besonderen Eigenschaften der höchsten Wesen gedacht, worüber diese in unterschiedlicher Anzahl verfügen. Zusammengenommen sind es 108 Qualitäten, die sich in symbolischer Weise in der Perlenzahl der jainistischen Gebetskette (*mālā*) wiederfinden.

Verehrungszeremonien

Die Angehörigen der bilderverehrenden (*mūrtipūjaka*) Gemeinden vollziehen die Rituale (*pūjā*) zur Anbetung des Jina vor den Kultbildnissen des Erlösers. Diese Rituale folgen den jeweiligen Traditionen verschiedener Schulen oder Richtungen innerhalb des Jainismus. Es gibt zahlreiche Rituale, die von den Gläubigen zu Hause oder im Tempel selbst vollzogen werden, aber auch solche, die der Tempelpriester durchführt und an denen die Gläubigen als Zuschauer teilnehmen. Die von den Gläubigen eigenständig durchgeführten Rituale gliedern sich wiederum in solche, die als Versammlungsritual von einer Gruppe vorgenommen werden, und jene, die der Gläubige für sich allein praktiziert. Die Ritualausübung hat sich im Laufe der Zeit vermutlich in vielen Fällen verändert.

Zu den heute weit verbreiteten Ritualen der Śvetāmbaras

gehört die achtfache Verehrungszeremonie (*aṣṭaprakārī-pūjā*), die von den Gläubigen meist früh am Morgen im Tempel durchgeführt wird.

Dieses Ritual vollzieht der Gläubige für sich allein. Oft sind mehrere Gläubige zur gleichen Zeit mit der Ausführung dieser Verehrungszeremonie beschäftigt. Sie bleiben dabei jedoch ganz für sich und agieren nicht als Gruppe.

Dem Betreten des Tempels geht eine innerliche und äußere Reinigung voraus, die dem Gläubigen die Berührung der Kultbilder erlaubt. Während er den Tempel betritt, spricht der Gläubige das Wort *Nisīhi* (›aufgeben‹) und zeigt damit an, dass er nun seine weltlichen Belange hinter sich lässt und sich der Spiritualität öffnet. Anschließend verneigt er sich vor dem im Schrein aufgestellten Kultbild und umrundet den Schrein dreimal im Uhrzeigersinn, bevor er hineingeht und dem Kultbild gegenübertritt.

Zur Durchführung des Rituals werden acht Substanzen verwendet, die dem Kultbild nacheinander dargebracht werden. Die Darbringung selbst wird von den Gläubigen in sehr unterschiedlicher Weise vorgenommen. Einige rezitieren Verse, während andere das Verehrungsritual in einem Zustand tiefer innerer Ruhe durchführen.

Zunächst wird das Kultbild nun mit einer Mischung aus Milch und Wasser übergossen. Anschließend erfolgt ein weiterer Guss mit reinem Wasser, womit die Weihezeremonie des Jina durch die Götter symbolisch nachgestellt wird. Im nächsten Schritt wird Sandelholzpaste auf neun vorgeschriebene Körperstellen des Kultbildes aufgebracht, nämlich auf die Zehen und Knie, die Handgelenke und Schultern sowie Kopf, Stirn, Hals, Herzbereich und Nabel. Im dritten Schritt wird die Figur schließlich mit Blüten geschmückt. An manchen Kultbildnissen sind diese Körperpunkte durch Metallknöpfe markiert. Diese zeigen den Gläubigen die genauen Stellen, an de-

Verehrungszeremonie während der Eröffnungsfeier des neuerrichteten Jaina-Tempels in Buena Park (USA) im September 2008

nen die Sandelholzpaste aufzubringen ist, und schützen die Figur gleichzeitig vor starker Abnutzung.

Diese ersten drei Schritte werden am Kultbild selbst vollzogen und daher als ›Verehrung der Körperglieder‹ (*aṅga-pūjā*) bezeichnet. Nun verlässt der Gläubige den Schrein und begibt sich in die Tempelhalle, wo die übrigen fünf Schritte des Rituals stattfinden. Diese werden ›vordere Verehrung‹ (*agra-pūjā*) genannt, weil sie in einiger Entfernung vor dem Kultbild zu vollziehen sind. Weil bei diesem Ritual kein direkter Kontakt mit dem Kultbild stattfindet, ist eine vorherige Reinigung nicht notwendig. Einige Gläubige beschränken sich daher auf diese fünf Darbringungen, die sich außerhalb des Schreines durchführen lassen. Der Gläubige begibt sich an den Eingang zum Schrein und bringt, ohne diesen zu betreten, eine Räucherung und das Licht einer entzündeten Lampe dar. Anschließend werden Opfergaben – ungekochter Reis, Süßigkeiten und Früchte – auf einem dafür vorgesehenen Tisch in der Tempelhalle abgelegt. Dazu werden aus den Reiskörnern glückverheißende Zeichen geformt und auf diesen die Speiseopfer platziert. Anders als in manchen hinduistischen Traditionen, wo die dargebrachten Speiseopfer anschließend an die Gläubigen oder bedürftige Menschen verteilt und als barmherzige (*prasāda*) und segensreiche Gabe verzehrt werden, bleiben die Speiseopfer der Jainas unangetastet und werden nicht zurückgegeben. Mit dem Speiseopfer ist die achtfache Verehrungszeremonie vollendet. Meist verharren die Gläubigen noch einen Moment in meditativer Versenkung, bevor sie den Tempel verlassen, ohne dem Kultbild dabei den Rücken zuzuwenden.

Die Angehörigen der südindischen Digambara-Gemeinden vollziehen die Verehrungszeremonie in ähnlicher Weise durch die Darbringung von acht Substanzen (*aṣṭadravya-pūjā*). Die Substanzen sind dieselben, doch ist es den Gläubigen hier nicht gestattet, den Schrein zu betreten und das Kultbild zu berühren. Stattdessen werden die Opfergaben auf einem niedrigen Tisch vor dem Altar abgelegt. Das Ritual wird nun von einem angestellten Tempelpriester, meist einem Brahmanen, durchgeführt, während der Gläubige den Vollzug sitzend oder stehend beobachtet und dabei Verse rezitiert. Wird die Zeremonie hingegen vor dem Hausaltar vollzogen, so geschieht dies durch den Hausherrn selbst.

Jainistische Gottheiten

Um diesseitige Bedürfnisse zu erfüllen, werden von manchen Gläubigen auch bestimmte Gottheiten angerufen. Der Jainismus wird außerhalb Indiens oft irrtümlich als eine atheistische

Lehre verstanden, in der Götter oder göttliche Wesen nicht vorkommen. Diese Einschätzung entstand durch eine einseitige Betrachtung der älteren kanonischen Literatur, die sich mit der asketischen Praxis der Mönche und Nonnen befasst und in der die Religionsausübung der Gläubigen nicht vorkommt. Götter und göttliche Wesen sind jedoch, wie bereits gezeigt, ein wichtiger Bestandteil der jainistischen Kosmologie und finden in der religiösen Literatur häufig Erwähnung. Allerdings ist ihre Macht beschränkt und erstreckt sich in den meisten Fällen nur auf die Ebene des Götterhimmels, in der sie residieren.

Im Mittelpunkt der Verehrung steht daher als zentrale Gestalt der Jina, doch daneben gibt es auch ein umfangreiches Pantheon jainistischer Götter und göttlicher Wesen, die sich in mehrere Kategorien unterteilen lassen. Grundlegend lässt sich unterscheiden zwischen jenen Gottheiten, die von den jainistischen Laien um Hilfe angerufen werden, und den in der kosmologischen Literatur beschriebenen Bewohnern der verschiedenen Ebenen des jainistischen Kosmos. In der religiösen Praxis ist die jainistische Götterwelt eine Angelegenheit des Laienstandes.

Eine Vielzahl jener Gottheiten, die seit dem indischen Mittelalter von den jainistischen Laien um Hilfe und Wohlstand angerufen werden, wurde aus den hinduistischen Religionen übernommen und in einigen Fällen den jainistischen Bedürfnissen angeglichen. Einige der hinduistischen Götter werden in den mittelalterlichen Legenden der Jainas genannt, sind in ihrer Macht und Stärke jedoch den Jinas unterlegen. Um den Einfluss hinduistischer Religiosität innerhalb des jainistischen Laienstandes einzudämmen, versuchen die geistlichen Anführer der Jaina-Gemeinden in den letzten Jahrzehnten, die Verehrung lokaler jainistischer Gottheiten über weitere Regionen auszubreiten.

Ein Beispiel dafür ist die Gottheit Bhairava, deren lokale Verehrung in Nakoda bis in das 15. Jh. zurückreicht. Doch erst im 20. Jh. breitete sich die Verehrung des Nakoda Bhairava nach Berichten über die angebliche Wundertätigkeit der Kultfigur über nahezu ganz Indien aus, wofür das sehr einfach gehaltene Bildnis im Tempel von Nakoda stets maßstabsgetreu kopiert wird. Die Kultbilder dieser Gottheiten sind meist zur Ergänzung der Jina-Bildnisse in jainistischen Tempeln aufgestellt, manchen sind sogar eigene Tempel gewidmet.

Sogenannte volkstümliche Gottheiten kommen bereits im frühen Jainismus vor. Yakṣas und Yakṣiṇīs sind Naturgeister oder niedere Gottheiten der Volksreligion und finden in den jainistischen Schriften schon früh Erwähnung. Als Begleiter oder Beschützer (*śasanadevatā*) des Jina werden sie in der Kunst jedoch nicht vor dem 6. Jh. abgebildet. Ihre Aufnahme in das Bildprogramm jainistischer Kultbilder deutet auf Veränderungen innerhalb der Religion hin, der nun Elemente der Volksreligion hinzugefügt wurden. Dass die Laienanhänger nach ihrem Übertritt zum Jainismus auch weiterhin die alten Gottheiten verehrten und in bestimmten Situationen um Hilfe und Beistand anflehten, ist unumstritten. Die Yakṣas werden in der jainistischen Kosmologie den Göttern der *Vyantara*-Klasse zugerechnet. Die Wesen dieser Ordnung bewohnen die Unterwelten oder – wie im Falle der Yakṣas – den Raum zwischen Unter- und Mittelwelt. Ihre Hilfe beschränkt sich ausschließlich auf weltliche Bedürfnisse wie Wohlstand, Ernteerfolg oder Kindersegen.

Dass einige bestimmte Yakṣas dem Tīrthaṅkara als Begleiter unterstellt wurden, bedeutet zwar einerseits die Anerkennung der volksreligiösen Praxis, andererseits wird auf diese Weise jedoch vor allem die vorrangige Bedeutung der jainistischen Lehre betont. Dabei steht die erweiterte Ikonographie für eine Ausweitung des Rituals, das fortan auch die Volksgottheiten einschließt. Theologisch gesehen, sind die Yakṣas dem Jina nun als Schutzgottheiten untergeordnet. Die Kombination des Jina, der für eine asketische Lehre steht und die Erleuchtung durch absolute Enthaltsamkeit und Weltabkehr erlangt hat, mit dem Yakṣa-Paar, das mit Ambikā für Fruchtbarkeit und mit Kubera für Reichtum und Wohlstand steht, erscheint zunächst widersprüchlich. Dass die Einbettung des Yakṣa-Kultes in den Jainismus gelang und so neue Anhängerschaften erreicht werden konnten, belegt jedoch, dass die jainistische Lehre zumindest innerhalb des Laienstandes letztendlich doch dehn- und wandelbarer war, als gemeinhin angenommen wird. Der erste Schritt zur Verknüpfung der jainistischen Lehre mit den Volksreligionen fand jedoch schon weitaus früher statt und ging wohl einher mit der Schöpfung des Jina-Bildes, das zur gesonderten Abbildung Pārśvas mit dem Schlangendämon (*nāga*) Dharaṇa verschmolz.

Während zwischen Jainas und Buddhisten eine große Rivalität bestand und auch das Verhältnis zu den Brahmanen, deren Vorherrschaft bestritten wurde, von Konkurrenz geprägt war, standen die Jainas den Volkskulten anscheinend wohlwollend gegenüber. So wird im *Aupapātikasūtra* berichtet, dass Mahāvīra das dem Yakṣa Pūrṇabhadra geweihte Heiligtum als Ort für seine erste Predigt erwählte, nachdem er zuvor unter einem Śāla-Baum nahe einem alten Yakṣa-Heiligtum allumfassendes Wissen (*kevalajñāna*) erlangt hatte. Ob dies als Beleg früher Missionierung gewertet werden kann oder ob die heiligen Plätze der Volksgottheiten lediglich als zentrale, dabei aber ›neutrale‹ Orte angesehen wurden, die weder dem Buddhismus noch dem Brahmanismus unterstanden, bleibt offen. Man darf aber vermuten, dass die Missionierung der Jaina-Mönche zunächst im Wesentlichen die Bewohner der Dörfer erreichte, die in der Mehrzahl vorwiegend noch den alten Yakṣa-Kulten anhingen. Da in der ältesten Fassung der Jina-Legende im

Ācārāṅga diese Stellen nicht enthalten sind, liegt die Vermutung nahe, dass die spätere Dichtung des *Kalpasūtra* auf Basis dieses Textes in eben jene Zeit fiel, als die Missionierung breiter Volksschichten durch Einbeziehung der Volksreligion in den Jainismus gelingen sollte, denn um diese Bevölkerungsgruppen zu erreichen, war die Jina-Legende des *Kalpasūtra* wohl überhaupt erst verfasst worden. Bis zum Mittelalter wuchs der Yakṣa-Kult zu einem wesentlichen Bestandteil der Jaina-Religion und bei Hemacandra findet sich schließlich sogar die Vorstellung, dass die Yakṣas aus der spirituellen Kraft der Jinas erschaffen wurden. Diese Gottheiten besitzen zwar nicht die Vollkommenheit der Jinas, sie stehen aber den weltlichen Bedürfnissen der Laien verständnisvoller gegenüber und werden daher bis heute zur Erlangung von Wohlstand, Gesundheit usw. angerufen.

Tempel und Asketenunterkünfte

Jainistische Tempel wurden seit dem Mittelalter in großer Zahl errichtet. Meistens handelte es sich dabei um Stiftungen wohlhabender Familien oder lokaler Herrscher. Als Höhepunkt jainistischer Tempelkultur gelten zum einen die jainistischen Sakralbauten des Mittelalters im westlichen Indien sowie die frühneuzeitlichen Tempelkomplexe von Ābū, Śatruñjaya oder Raṇakpur, die zu bedeutenden Pilgerzentren wurden. Der im nördlichen Indien verbreitete Tempelbau besteht aus einer Vorhalle (*maṇḍapa*), durch die der Gläubige das Gebäude betritt, und dem Heiligtum (*garbhagṛha*), in dem das Kultbild des Jina oder einer Gottheit aufgestellt ist. In größeren Tempeln befindet sich innerhalb des Heiligtums ein innerer Schrein, der umgewandelt werden kann. Das Heiligtum selbst wird von den Gläubigen im Regelfall nicht betreten, die Ausführung der

Tempelanlage von Ranakpur, 1972

Rituale obliegt insbesondere in den westindischen Tempeln zumeist angestellten Tempelpriestern; diese gehören häufig der hinduistischen Tradition der Vaiṣṇavas an.

Die jainistische Asketenlehre kannte ursprünglich keinen Tempelkult, doch scheinen die jainistischen Laiengemeinden das ursprünglich von den Hindus eingeführte Tempelwesen rasch übernommen zu haben. Das indische Tempelwesen entstand somit in etwa zur selben Zeit im Jainismus und innerhalb der hinduistischen Religionen. Es verwundert daher nicht, dass sich die Architektur und die Struktur beider Tempeltraditionen stark ähneln.

Jainistische Tempel dienen jedoch nicht allein der Verehrung von Jinas oder jainistischen Gottheiten. Insbesondere innerhalb der bilderfeindlichen Reformgemeinden werden die Tempel vor allem als Versammlungsort genutzt. Hier kommen die Gläubigen zusammen, um die Predigten und religiösen Unterweisungen der spirituellen Lehrer zu hören. Insgesamt gesehen, ist das jainistische Tempelwesen eine eher späte Erscheinung, deren Wurzeln jedoch weit in die Geschichte zurückreichen.

Schon lange vor der Formierung asketischer Reformbewegungen wie etwa des Jainismus gab es im alten Indien heilige Orte, die von den Menschen zur Ausübung ihrer Religion aufgesucht wurden. In der jainistischen Literatur wird mehrfach berichtet, dass Mahāvīra solche Stätten aufsuchte, um dort zu predigen. Vermutlich kamen an diesen Heiligtümern viele Menschen zusammen und verschafften dem Jina auf diese Weise eine größere Zuhörerschaft. Über die Beschaffenheit dieser heiligen Stätten, möglicherweise vorhandene Tempelgebäude oder Schreine mit Kultbildern, wird in den jainistischen Schriften nicht berichtet.

Auch der Jainismus selbst verfügte wohl schon recht früh über heilige Orte, die von den Gläubigen meist mit dem Wirken der Jinas oder anderer Heiliger verbunden wurden. Ähnlich wie die Buddhisten suchten auch die Jainas im alten Indien Grab- oder Gedenkbauten auf, wo des Wirkens der Jinas und der jainistischen Lehre gedacht wurde. Archäologisch sind solche Bauten erstmals in der Gegend um die Stadt Mathurā nachweisbar. Der Ort entwickelte sich um die Zeitenwende zu einem Knotenpunkt wichtiger Handelsrouten, an dem sich die jainistische Lehre rasch verbreitete. Für einige Jahrhunderte wurde Mathurā auf diese Weise zu einem wichtigen Zentrum des Jainismus. Die archäologischen Funde legen nahe, dass sich seit dem 1. Jh. die Verehrung von Kultbildnissen des Jina herausbildete, die von den Werkstätten in dieser Region in großer Zahl hergestellt wurden.

Die Orte, an denen diese steinernen Kultbilder des Jina aufgestellt waren, sind nicht bekannt. Der gute Erhaltungszustand lässt jedoch vermuten, dass sie in Schreinen oder kleineren Tempeln vor der Witterung geschützt waren. Reste begehbarer Bauten, die dem Jainismus zugeordnet werden können, wurden bislang nicht gefunden. Andere religiöse Traditionen verfügten in der Gegend um Mathurā jedoch nachweislich über Tempelgebäude. Stattdessen nutzten die jainistischen Gläubigen wohl vor allem den *Stūpa* als Gedenkmonument. Dies ist ein massiver Kuppelbau, der als Grabmonument ursprünglich der Bestattung von Herrschern oder bedeutender Heiliger diente. Der *Stūpa* ist nicht begehbar und wird stattdessen von den Gläubigen rituell umrundet. Der buddhistischen Überlieferung zufolge wurde die Asche des Buddha auf mehrere *Stūpas* verteilt und das Bauwerk auf diese Weise zum wichtigen Bestandteil der buddhistischen Verehrung im alten Indien.

Auch die Jainas nutzen anscheinend den *Stūpa* als religiöses Bauwerk. In Mathurā wurden gegen Ende des 19. Jh. die Fundamente eines *Stūpa* freigelegt, der als jainistisches Bauwerk gedeutet wird. Doch anders als im Buddhismus wurden die jainistischen *Stūpas* allein zum Gedenken an den Jina und seine Lehre errichtet und enthalten keinerlei Reliquien. Steinerne Reliefs zeigen Szenen der Verehrung kleinerer *Stūpas* durch gläubige Laien sowie eine symbolische Zusammengehörigkeit von Stūpa und Jina-Bild. Die an einigen Objekten angebrachten Inschriften geben Auskunft über die Stifter, bei denen es sich meist um Angehörige des Laienstandes handelte.

Bereits etwas früher als die archäologischen Artefakte in Mathurā entstanden im ostindischen Unionsstaat Orissa die Höhlenkomplexe in den benachbarten Felsformationen Udayagiri und Khandagiri, die heute als die älteste architektonische Anlage des Jainismus gelten. Die zweistöckige Anlage besteht aus nebeneinander liegenden kleinen Zellen, in denen die Mönche und Nonnen vermutlich die Regenzeit verbrachten.

Ob sich aus dieser ursprünglich temporären Unterbringung mit der Zeit ein Ort entwickelte, an dem Mönche und Nonnen dauerhaft lebten wie im Buddhismus, wo vergleichbare Höhlen als frühe Klosteranlagen eingerichtet wurden, lässt sich nicht belegen. Die literarische Überlieferung der Jainas erwähnt keinerlei klösterliche Strukturen.

Oberhalb der Zugänge zu den einzelnen Zellen befinden sich Steinreliefs, deren Bildinhalt bislang nicht eindeutig identifiziert und damit auch der jainistischen Tradition nicht mit Sicherheit zugeordnet werden konnte. Es gibt keine Abbildungen der Jinas, was sich jedoch aus dem Zeitraum der Erbauung der Anlage erklären lässt. Der Höhlenkomplex wird in das 2. Jh. v. Chr. datiert und entstand somit einige Zeit vor der Schöpfung erster Jina-Bildnisse. Die aufwendig gearbeiteten Reliefs deuten auf Stiftungen wohlhabender Gönner hin, die den jainistischen Mönchen eine zeitweilige Unterbringung sicherten und dem Stifter entsprechend religiöses Verdienst verschafften.

Die Höhlenanlagen von Udayagiri und Khandagiri sind keine jainistischen Tempel, könnten aber mit der späteren Herausbildung des jainistischen Tempelwesens in Zusammenhang stehen. Im Gegensatz zum Buddhismus verfügt die jainistische Asketentradition nicht über klösterliche Strukturen. Im alten Indien war es den Mönchen und Nonnen außerhalb der Regenzeit nicht erlaubt, längere Zeit an einem Ort zu verweilen. Die älteren Texte beschränken den erlaubten Aufenthalt in einem Dorf auf einen Tag bzw. in einer Stadt auf fünf Tage. Diese strenge Regel wurde im Mittelalter verändert, so dass Wanderasketen nun mehrere Tage in einem Dorf und bis zu zwei Monate in einer Stadt verweilen durften. Die Gründe dafür waren vielfältig. Zum einen kam dies den Bedürfnissen der Laiengemeinden entgegen, die nach einem längeren Aufenthalt ihrer geistlichen Lehrer verlangten, um umfassend in Religion und Lehre unterwiesen zu werden. Gleichzeitig zeigt sich darin die wirtschaftliche Leistungsfähigkeit größerer Siedlungen, die eine Asketengruppe über längere Zeit versorgen konnten. Und schließlich spiegelt sich darin auch die Verortung jainistischer Gemeinden in einem urbanen Umfeld.

Während der Regenzeit wurde die Wanderschaft unterbrochen und die Mönche und Nonnen begaben sich in schützende ›Zufluchtsorte‹ (*upāśraya*). Anfangs wird es sich dabei um geschützte Lagerplätze gehandelt haben. Diese Orte wurden von den Laienanhängern aufgesucht, um die Mönche und Nonnen mit Nahrungsmitteln zu versorgen und damit ihren religiösen Pflichten nachzukommen. Anstelle der Lagerplätze entstanden zu späterer Zeit Bauwerke, die in felsigem Gelände auch in Höhlenanlagen eingebettet sein konnten. Solche Bauten wurden von Laien gestiftet und von der Laiengemeinde besucht.

Im Grunde genommen ist die religiöse Praxis des Jainismus an keinen besonderen Ort gebunden. Die Rituale der Laiengemeinde können ebenso wie die zur Erlösung führende Lebensweise im Grunde überall praktiziert werden. Zwar ist nach traditionellem Verständnis die Auflösung von Karma, das der Seele anhaftet und sie vom Aufstieg und somit von der Erlösung abhält, nur in der mythischen Landschaft Bharatavarṣa, d. h. in Indien, möglich. Doch wurde selbst diese Einstellung mit der Gründung von jainistischen Diasporagemeinden insofern den Bedürfnissen der Gläubigen angepasst, als dass der Jainismus zumindest von der Laiengemeinschaft praktisch überall durchgeführt und gelebt werden kann. Insofern bilden die jainistischen Tempel für die religiöse Praxis keine Notwendigkeit, werden von den Gläubigen aber dennoch häufig genutzt.

Eine besondere Funktion erfüllen die Tempel innerhalb der

europäischen und nordamerikanischen Diasporagemeinden. Äußerlich sind einige Gemeindezentren zwar Tempeln nachempfunden, doch wurde hier vor allem das *Bild* traditioneller Tempel verwendet und nicht die *Struktur* jainistischer Bauten. Oftmals handelt es sich um multifunktionale Gebäude, die über Versammlungs- und Unterrichtsräume verfügen. Es gibt in den meisten dieser Zentren auch einen Andachtsraum, wo Bildnisse der Jinas aufgestellt sind und Rituale vorgenommen werden. Doch ist dies im Regelfall nicht der alleinige Zweck der Gemeindezentren. Die Gebäudearchitektur enthält oft Elemente klassischer Tempelbauten; insbesondere die mittelalterlichen Tempel aus der Regierungszeit der Solaṅkī-Dynastie, deren Herrscher im mittelalterlichen Gujarat zahlreiche Tempel stifteten, dienen als Vorbild.

Religiöse Feste

Als eine Form öffentlicher Glaubensbekundung festigen religiöse Feste die Zugehörigkeit des Gläubigen zu seiner Gemeinde und seine religiöse Identität. Sie dienen auch der Weitergabe von Praktiken und Glaubensvorstellungen. Der jainistische Kalender enthält eine große Zahl religiöser Feste und Gedenktage. Einige von den Jainas gefeierte Feste werden auch von den Hindus begangen, so wie etwa das ›Lichterfest‹ Diwali (*dīpāvalī*). Andere hingegen, etwa die Feierlichkeiten zur Geburt oder zur Erlösung des Jina Mahāvīra, sind auf den Jainismus beschränkt. Einige dieser Feste werden von allen jainistischen Gemeinden gleichermaßen gefeiert, andere sind auf bestimmte Richtungen oder auf lokale Gruppen beschränkt. Alle jainistischen Feste sind nach dem Mondkalender ausgerichtet, d. h. der Termin verändert sich von Jahr zu Jahr.

Religiöses Fest	**Zeitraum**	**Strömung**
Geburtsfest Mahāvīras (*Mahāvīra Jayantī*)	März/April	Digambaras/ Śvetāmbaras
Fest der Regenzeit (*Paryuṣaṇākalpa*)	August/ September	Śvetāmbaras
Fest der zehn glücks-verheißenden Gebote (*Daśalakṣanaparvan*)	August/ September	Digambaras
Lichterfest (*Dīpāvalī*)	Oktober/ November	Digambaras/ Śvetāmbaras
Vollmondfest (*Kārttika Pūrṇimā*) zum Ende der Regenzeit	Oktober/ November (etwa zwei Wochen nach dem Lichterfest)	Śvetāmbaras
Fest des Wissens (*Jñānapañcamī*) zum Gedenken an die Vollendung der kanonischen Schriften	Oktober/ November (fünf Tage nach dem Lichterfest)	Śvetāmbaras
Fest der Lehre (*Śrutapañcamī*) zum Gedenken an die erste Niederschrift der Lehre	Mai/Juni	Digambaras

Eines der zentralen Ereignisse des Jahres ist der Jahrestag der Geburt des Jina Mahāvīra (*mahāvīra jayantī* oder *mahāvīra janma kalyānaka*). Das Fest fällt auf den 13. Tag der hellen Hälfte des Monats *Caitra* (März bis April) nach dem jainistischen Mondkalender und wird auf unterschiedliche Weise begangen. In vielen Gemeinden ist dies ein eher stilles Fest, an dem die Gläubigen den Tempel besuchen oder sich zu einer der vielen

Pilgerstätten begeben. Sie hören die Unterweisungen der Mönche und Nonnen, widmen sich religiösen Studien und gedenken in besinnlicher Weise des Jina und seiner Lehre. In anderen Gemeinden wird dieser Festtag mit großer Ausgelassenheit begangen. Die Tempel werden mit Wimpeln und Girlanden geschmückt, um die Freude über die Geburt des Jina zum Ausdruck zu bringen. Manche Gemeinden veranstalten Prozessionen (*ratha yātrā*), bei denen Bildnisse des Jina Mahāvīra auf geschmückten Wagen durch die Stadtviertel gezogen werden. Es werden Spenden gesammelt und Almosen an die Bedürftigen verteilt.

Die bilderverehrenden Gläubigen nutzen den Tempelbesuch für Rituale vor den Kultbildern und bringen Wasser, Reis, Früchte, Weihrauch und Süßigkeiten als Teil eines aufwendigen Rituals dar. Dabei wird auch die in der Jina-Legende beschriebene Weihe nachgestellt, die von den Göttern auf dem Gipfel des heiligen Berges Meru vollzogen wurde. Die Gläubigen begießen dazu Bildnisse des Jina mit Wasser. Jene Gläubigen hingegen, die keine Bildverehrung betreiben, betonen die Verinnerlichung der Lehre Mahāvīras und hören die Predigt, die von gelehrten Mönchen oder Nonnen im Tempel gehalten wird.

In den Diasporagemeinden Europas und Nordamerikas bedeutet das Fest vor allem eine Zusammenkunft der Gemeinde und ein Wiedersehen mit Freunden und Verwandten. Hier werden die Feiern häufig von kulturellen Veranstaltungen begleitet, die der jüngeren Generation, die meist in der westlichen Gesellschaft aufgewachsen ist, den Inhalt und Hintergrund des Festes vermitteln sollen.

Das wichtigste Ereignis im Jahreskreislauf der Śvetāmbaras ist das ›Fest der Regenzeit‹ (*paryuṣaṇākalpa*), das heute gewöhnlich in den August oder September fällt und über einen Zeitraum von acht Tagen gefeiert wird. Nach dem jainistischen

Kalender beginnt nach dem Abschluss des Festes das neue Jahr. Die Digambaras begehen in ähnlicher Weise und etwa zur selben Zeit das zehntägige ›Fest der zehn glücksverheißenden Gebote‹ (*daśalakṣanaparvan*).

Die Wurzeln des Paryuṣaṇā-Festes reichen weit zurück in die frühe Geschichte des Jainismus. Im Altertum war das Fest eng verbunden mit dem Aufenthalt der Mönche und Nonnen an festgelegten Plätzen während der Regenzeit. Während dieser Wochen war den Angehörigen des Asketenordens das Wandern untersagt. Stattdessen sollten sie sich an einen Ort begeben, wo sie das Ende der Regenzeit abwarteten und während dieser Zeit über mögliches Fehlverhalten nachsannen und Reue und Bußfertigkeit (*pratikramaṇa*) übten. Die Mönche und Nonnen verließen ihren Aufenthaltsort dabei nur zu wenigen Anlässen, beispielsweise zum Almosengang in der näheren Umgebung.

Eine Möglichkeit, die Regenzeit zu überbrücken, bestand für die Asketen in der Beherbergung und Versorgung durch wohlhabende Laienanhänger. Für die Bewohner der Dörfer im alten Indien bedeutete die Anwesenheit der Wanderasketen über einen solch langen Zeitraum die Möglichkeit, den eigenen Glauben zu erneuern und das religiöse Wissen durch Unterweisung zu vertiefen. Die intensive Begegnung mit den Mönchen und Nonnen, die während ihrer Wanderschaft sonst nur wenige Tage an einem Ort verweilten, formte die religiöse Zugehörigkeit der Gläubigen zur jainistischen Gemeinde. Für diejenigen, die einen Mönch oder eine Nonne beherbergen konnten, bedeutete dies religiöses Verdienst und soziales Ansehen. Vor allem im 17. und 18. Jh. wurden besonders angesehene Mönche von wohlhabenden jainistischen Śvetāmbara-Gemeinden im westlichen Indien mittels aufwendig hergestellter Einladungsbriefe (*vijnaptipatra*), die in den meisten Fällen aus einem Bildteil und dem anschließenden Einladungstext bestanden, ersucht, die Regenzeit bei ihnen zu verbringen.

Der Text solcher Einladungsbriefe beschreibt in Sanskritversen mit regionalsprachlichen Ergänzungen den Ort, an dem die einladende Gemeinde ansässig war. Der Bildteil umfasst die 14 Traumbilder, die die Geburt eines Jina ankündigen, die acht glückverheißenden Zeichen sowie verschiedene Szenen, welche den erhofften Aufenthalt des Mönches vorwegnehmend abbilden. Diese Szenen dienen sowohl als Einladung, gleichzeitig aber auch als Beleg für die Frömmigkeit der Gemeinde, die dem Gast durch Malereien und Text eine besonders ehrenhafte Behandlung verspricht.

In der heutigen Zeit bedeutet Paryuṣaṇā insbesondere die Zusammenkunft der Gläubigen mit dem Asketenorden. Während der acht Tage andauernden Feierlichkeiten versammeln sich die Mitglieder der Gemeinden dafür in eigens errichteten Zelten oder Versammlungsgebäuden. Die Arbeit der Gläubigen ruht während dieser Zeit. Das Fest wird durch gemeinsames Fasten, Meditation und innere Einkehr oder Studium begangen.

Die Gläubigen suchen in dieser Zeit die Gemeinschaft der Asketen, lauschen ihren Unterweisungen oder Rezitationen, andere nutzen die Zeit zum Studium oder zur Meditation, bleiben dabei aber meist nach Geschlechtern getrennt. Viele Laienanhänger fasten während einzelner Tage oder über den gesamten Zeitraum des Paryuṣaṇā-Festes. Manche nehmen nur eine Mahlzeit am Tage zu sich oder verzichten auf bestimmte Speisen. Ein besonderes Fastengelübde (*poṣadha-vrata*) eröffnet den Gläubigen die Möglichkeit, für die Dauer eines Tages als Mönch zu leben. In den Diasporagemeinden, wo Mönche und Nonnen fehlen, wird das Fest allein von den Laienmitgliedern getragen. Hier stehen insbesondere Zusammenkunft und Beisammensein im Mittelpunkt. Für manche Gemeindemitglieder ist dies der einzige Tempelbesuch im Jahr, für den oftmals weite Entfernungen zurückgelegt werden.

Die Asketen rezitieren während der Feierlichkeiten die heiligen Schriften. Während die Digambara-Mönche das *Tattvārthasūtra* vortragen, ist es bei den Śvetāmbaras vor allem das *Kalpasūtra*, dessen drei Teile einschließlich der zugehörigen Kommentare beim Paryuṣaṇā-Fest von den Mönchen rezitiert werden. Zu diesem Zweck wurden vor allem im 15. und 16. Jh. von wohlhabenden Gemeindemitgliedern teils prächtige illustrierte Handschriften gestiftet. Die dort enthaltenen Miniaturen werden der Laiengemeinde am vierten Tag des Paryuṣaṇā-Festes während der Rezitation des *Kalpasūtra* von verdienten Gemeindemitgliedern zur Erläuterung des Textes und zur Verehrung präsentiert.

Am fünften Tag des Festes wird der Geburt des Jina Mahāvīra mit einer Prozession gedacht. Dies ist jedoch nicht zu verwechseln mit der zuvor bereits beschriebenen Geburtsfeier für den letzten Jina, die im Frühjahr gefeiert wird.

Den Höhepunkt bildet schließlich *Saṃvatsari*, der letzte Tag des Festes und gleichzeitig der Abschluss des Jahres. Für den Gläubigen bedeutet dieser Tag den Abschluss der innerlichen Reinigung sowie die Besinnung auf begangenes Unrecht und auf sich geladene Schuld, die nicht in das neue Jahr hinübergetragen werden soll. Dafür bitten die Gläubigen ihre nahen Angehörigen und Freunde, aber gleichzeitig auch alle ihre Mitmenschen mit der Formel *Michchhāmi Dukkaḍaṃ* (›Mögen die bösen Taten verziehen werden‹) um Vergebung; in ähnlicher Weise wird in den Digambara-Gemeinden der ›Tag der Vergebung‹ (*kṣamāvaṇī*) begangen.

Unter den verschiedenen Gruppen der Śvetāmbaras herrscht eine gewisse Uneinigkeit, an welchem Tag das Fest beginnen sollte; dies ist jedoch insbesondere mit Blick auf den Jahreswechsel von Bedeutung. Die Ursache für diese Uneinigkeit weist weit zurück in die Geschichte des Jainismus und zeigt, in welcher Weise Mythen und Legenden bis in die Gegenwart nachwirken können.

Im *Kalpasūtra* wird berichtet, wie Mahāvīra Paryuṣaṇā vollzog, nachdem ein Monat und acht Nächte der Regenzeit verstrichen waren. Seinen Anhängern erklärte er, dass zu diesem Zeitpunkt die Mitglieder der Laiengemeinde ihre Häuser für die Regenzeit gesichert und ausreichend vorbereitet hätten, so dass sie den Wanderasketen eine Unterkunft anbieten könnten. Gleichzeitig betonte Mahāvīra, dass Paryuṣaṇā bereits zu einem früheren Zeitpunkt vollzogen werden dürfe, aber keinesfalls später.

Eng verbunden mit der Frage des exakten Beginns der Feierlichkeiten ist jedoch auch die Kālaka-Legende, die in mittelalterlichen Handschriften häufig dem *Kalpasūtra* beigefügt ist. Die Geschichte beschreibt die Abenteuer des jainistischen Mönches Kālaka, dessen Schwester von König Gardabhilla von Ujjayinī gefangen gehalten wurde. Mit Hilfe einer fremdländischen Armee gelang es Kālaka, den König zu besiegen und seine Schwester zu befreien. Die religiöse Bedeutung dieser Legende, die möglicherweise im späten 10. Jh. entstand und in verschiedenen Versionen überliefert wurde, liegt darin, dass sie von einer Vorverlegung des Festes um einen Tag berichtet.

So wird erzählt, dass Kālaka sich einst am Hofe des Königs Śālivāhana von Mahārāṣṭra aufhielt. Der König begegnete den jainistischen Wandermönchen mit Wohlwollen und beabsichtigte, ihren Feierlichkeiten beizuwohnen. So bat er Kālaka, die geplanten Feierlichkeiten um einen Tag aufzuschieben, da in seinem Reich zur gleichen Zeit ein Fest des brahmanischen Gottes Indra mit einer großen Prozession gefeiert wurde. Der König befürchtete große Verwirrung und Unruhe unter seinen Untertanen, wenn er nicht allen seinen religiösen Pflichten gleichzeitig nachkommen könnte. Kālaka jedoch lehnte die

Bitte ab und verwies auf die Aussage Mahāvīras. Darauf schlug der König vor, die Feierlichkeiten der Jainas einen Tag vorzuverlegen. Kālaka stimmte zu und es wird berichtet, dass seither ein Fest anlässlich der Beherbergung der Wanderasketen (*śramaṇapūjālaya*) in Mahārāṣṭra gefeiert wurde.

Die Bedeutung dieser Geschichte liegt aus jainistischer Sicht in dem Umstand, dass auf königliches Geheiß die Feierlichkeiten zur Regenzeit vor einem wichtigen brahmanischen Fest angesetzt wurden. Die jainistische Asketengemeinde wurde so gegenüber der brahmanischen Tradition bevorzugt, mit deren Vormachstellung der Jainismus von Anfang an gerungen hat. Vor diesem Hintergrund begehen einige Gemeinden das Fest der Regenzeit bis heute einen Tag früher.

Pilgerwesen

Die jainistische Kosmologie schreibt der Landschaft *Bharatavarṣa*, die in etwa mit dem indischen Subkontinent gleichgesetzt wird, die Eigenschaft einer *Karmabhūmi* zu. Damit ist eine Region gemeint, in der das Karma nicht nur einströmen und anhaften, sondern durch entsprechendes Verhalten auch neutralisiert werden kann. In diesem Sinne gelten die indischen Landschaften nach traditioneller Sicht als heilig, denn nur hier kann der Gläubige die Erlösung finden. Seit der Gründung von Diasporagemeinden wurde diese strenge Sichtweise zunehmend relativiert, doch die Heiligkeit bestimmter Orte wird auch im modernen Jainismus nicht in Frage gestellt. Zu diesen Orten gehören insbesondere die Heiligtümer, die der Überlieferung zufolge mit dem Leben und Wirken der Jinas verknüpft sind. Vor allem jene Plätze, an denen einer der fünf glücksverheißenden Momente (*kalyāṇa*) des Jina stattgefunden haben soll, gelten als besonders segensspendend und werden als ›Ort eines *Kalyāṇa*‹ (*kalyāṇabhūmi*) von Pilgern aufgesucht.

Stätten, deren Besuch als besonders sündentilgend gilt, werden als *Tīrtha* (›Furt‹ oder ›Zugang zum Wasser‹) bezeichnet. Dieser Begriff wurde aus der hinduistischen Tradition übernommen, wo damit zugängliche Stellen an Gewässern zum rituellen Bad bezeichnet wurden; später übertrug man die Bezeichnung auf alle hinduistischen Heiligtümer. Anders jedoch als in den hinduistischen Traditionen, wo dem Bad in heiligen Flüssen oder an bestimmten Plätzen eine reinigende und sündentilgende Wirkung zugeschrieben wird, stehen jainistische *Tīrthas* nicht in Verbindung zu Gewässern. Die Vorstellung, dass sich sündhaftes Verhalten durch ein Bad neutralisieren lässt, wird von den Jainas nicht geteilt. Stattdessen sind die jainistischen *Tīrthas* oftmals eng mit dem Wirken der Jinas oder jainistischer Heiliger verknüpft. Auch Orte, an denen sich Kultbilder befinden, denen eine besondere Kraft zugeschrieben wird oder die Wunder bewirkt haben sollen, konnten zu Pilgerstätten werden.

Auf ihrer Wanderschaft besuchten jainistische Mönche und Nonnen im Altertum die heiligen Stätten, die in den Legenden mit dem Leben und Wirken der Jinas verwoben waren; häufig war an diesen Stellen ein Schrein oder ein Tempel errichtet worden. Zum Mittelalter entwickelten sich einige dieser Pilgerorte zu bedeutenden Wallfahrtszentren, an denen mit der Zeit ausgedehnte Tempelkomplexe entstanden. Diese Anlagen wurden zunehmend auch von Laien aufgesucht, die entweder allein pilgerten oder Gruppen wandernder Mönche begleiteten. Die Pilgerfahrt wurde so zu einem wichtigen Bestandteil der jainistischen Praxis. Viele dieser Pilgerstätten liegen auf Berggipfeln, so etwa die Tempelfestungen Śatruñjaya und Girnār auf der Halbinsel Kathiawar im südlichen Gujarat oder Śravaṇabeḷagōḷa im südindischen Unionsstaat Karnataka. Der

Überlieferung zufolge fanden alle 24 Jinas auf einem Berggipfel die letzte Erlösung. Der erste Jina Ṛṣabha beendete sein Leben auf dem mythischen Berg Aṣṭāpada, der von den Gläubigen heute mit dem Kailash im Himalaya gleichgesetzt wird. Alle Jinas, die nach ihm kamen, fanden die Erlösung hingegen auf dem Berg Sameta Śikhara. Dieser wurde in späterer Zeit nach dem Jina Pārśva in Parasnath umbenannt und ist heute ein wichtiges Pilgerzentrum im indischen Unionsstaat Jharkhand. Der mühsame Aufstieg zu den Tempeln und Schreinen dieser Heiligtümer ist ein wesentlicher Bestandteil der Wallfahrt, denn mit jedem einzelnen Schritt reinigt sich der Pilger auf seiner Wallfahrt von seinen Sünden.

Damit die Wallfahrt ihre heilsbringende Wirksamkeit entfalten kann, muss sich der Gläubige vor Antritt seiner Reise entsprechend vorbereiten. Dazu gehört eine Zeit des Fastens und der stillen Einkehr oder Meditation. Erst in einem Zustand der inneren Ruhe und nachdem er Abstand von den Alltagsgeschäften gewonnen hat, tritt der Pilger die Wallfahrt an. Ursprünglich wurde die gesamte Reise zu Fuß unternommen. So wie den Mönchen und Nonnen nicht gestattet ist, sich anders als zu Fuß fortzubewegen, soll auch der Pilger seinen Weg zu Fuß absolvieren, um den erwünschten religiösen Verdienst zu erlangen. Da diese Wanderung mehrere Tage oder gar Wochen dauern kann, nutzen die meisten Pilger inzwischen die ihnen zur Verfügung stehenden Verkehrsmittel. Nur die letzten Kilometer, manchmal aber auch nur eine Umrundung oder den Aufstieg zum Gipfel selbst vollzieht der Pilger zu Fuß. Gebrechliche Pilger werden in Sänften den Berg hinaufgetragen.

Auch während der Wallfahrt fastet der Pilger. Nur einmal am Tag nimmt er Nahrung zu sich, er vermeidet jegliche Annehmlichkeiten und schläft nach Möglichkeit auf dem Erdboden. Am Wallfahrtsziel angekommen, finden verschiedene Rituale statt. Diese bestimmen sich danach, welches Heiligtum der Pilger aufsucht und welcher Glaubensrichtung oder Gemeinde er angehört. So wird beispielsweise der Berg, auf dem sich der Wallfahrtsort befindet, entweder zunächst in einer bestimmten Weise umrundet oder der Aufstieg wird sogleich begonnen und gelegentlich sogar mehrmals wiederholt. Hat der Pilger das Hauptheiligtum schließlich erreicht, so wohnt er dort den Ritualen bei, die von Tempelpriestern vollzogen werden, oder er führt selbst Rituale durch. Auch Spenden oder Stiftungen an das jeweilige Pilgerzentrum oder die Gabe von Almosen an Bedürftige können Bestandteil der Wallfahrt sein.

Oft werden Wallfahrten von Gruppen oder Familien gemeinsam vollzogen. Manchen Gläubigen ist es jedoch unmöglich, die Wallfahrt selbst durchzuführen. In diesem Fall kann religiöses Verdienst auch erworben werden, wenn die Pilgerreise eines anderen Menschen, beispielsweise eines Verwandten, finanziell unterstützt wird. Spätestens seit dem Mittelalter wird schließlich auch das Betrachten von kartenähnlichen Bildnissen bedeutender Pilgerorte als verdienstvoll angesehen. Sogenannte *Tīrtha Paṭas* (*tīrtha* ›Pilgerstätte‹, *paṭa* ›Stoffbild‹), deren Betrachtung die Pilgerfahrt ersetzen konnte, zeigten die Topographie der wichtigsten Pilgerstätten und die dort zu bewältigenden Wallfahrten in bildlicher Form. Großformatige Textilmalereien dieses Genres entstanden vor allem im 18. und 19. Jh. in Gujarat und Rajasthan; sie zeigen häufig die Tempelanlage von Śatruñjaya oder Kompositabbildungen verschiedener Pilgerzentren. Bilder dieses Typs wurden auch als Beweis der Pilgerschaft von dort mitgebracht.

Vollständige Exemplare solcher Malereien sind oft mehr als 2 × 3 m groß; sie geben die wesentlichen Tempel und ihre zahlreichen Kultbildnisse ebenso wie topographische Besonderheiten mit erstaunlicher Sorgfalt wieder. Die Abbildung der Tempel ist jedoch nur eine Aufgabe solcher Malereien und sie sind viel mehr als nur Landkarten. Ebenso wichtig sind die breiten Wege zwischen den Tempeln und die Gläubigen, die sie bevölkern – Laien, aber auch Mönche und Nonnen bewegen sich auf festgelegten Routen in und zwischen den einzelnen Tempeln. Die Pilgerreise zu Zentren in Gujarat oder im südindischen Karnataka zählt zu den wichtigsten gemeinschaftlichen Erfahrungen jainistischer Laien; das körperliche und geistige Erlebnis prägt Identität und Selbstbewusstsein der Pilger.

Neben der einfachen Wallfahrt, in deren Verlauf der Pilger eine oder mehrere heilige Stätten besucht, gibt es auch Pilgerfeste. So werden an einigen Wallfahrtsorten besondere Zeremonien oder Festlichkeiten veranstaltet, zu denen eine besonders große Zahl von Pilgern anreist. Ein solches Pilgerfest ist die ›große Begießungszeremonie‹ (*mahāmastakābhiṣeka*), die alle zwölf Jahre in Śravaṇabeḷagōḷa stattfindet. Die mehrwöchigen Feierlichkeiten sind der Anbetung von Bāhubali gewidmet, der im südindischen Karnataka intensiv verehrt wird und auch als ›Herr des Berggipfels‹ (*gommaṭeśvara*) oder ›Heiliger des Berges‹ (*gommaṭasvāmī*) bezeichnet wird. Zu Ehren Bāhubalis, des Sohnes des ersten Jina Ṛṣabha, wurden im mittelalterlichen Karnataka monumentale Steinskulpturen errichtet, die den Heiligen stehend und versunken in Askese zeigen, während sein Körper von Schlingpflanzen umwuchert wird. Fünf dieser Standbilder sind erhalten, von ihnen ist die Figur in Śravaṇabeḷagōḷa mit etwa 17 m Höhe nicht nur das größte, sondern auch das bekannteste Bildnis. Es wurde im 10. Jh. errichtet und ist durch seine erhöhte Lage weithin sichtbar. Während der Feierlichkeit wird ein Gerüst um die Figur herum errichtet. Von dort begießen die Gläubigen das Standbild mit geweihtem Wasser oder mit Milch und bestreuen es mit Safran, Sandelholzpulver und Blüten.

Auch wenn die Wallfahrt innerhalb der Richtungen und Schulen des Jainismus weit verbreitet ist, so wird diese Praxis doch nicht von allen Gläubigen betrieben. Insbesondere die seit dem 17. Jh. entstandenen Reformgemeinden bestreiten die Wirksamkeit der Pilgerschaft und meist auch die sündentilgende Wirkung des Besuches heiliger Stätten.

Für Gläubige, die außerhalb Indiens in der Diaspora leben, ist eine Wallfahrt in der näheren Umgebung lange Zeit nicht möglich gewesen; sie mussten dazu stets nach Indien reisen. Dass aber das Wallfahrtswesen auch in der modernen Welt einem ständigen Wandel unterworfen ist, zeigt sich beispielhaft am ersten jainistischen *Tīrtha* außerhalb Indiens. Die Veränderung geht in diesem Fall einher mit der Verfestigung jainistischer Diasporagemeinden in den Vereinigten Staaten, deren Mitglieder die Bedürfnisse religiöser Praxis zunehmend in die eigene Umgebung verlagern und nicht zwingend zum Vollzug religiöser Handlungen nach Indien reisen.

Im Jahr 1983 gründete der religiöse Erneuerer Sushil Kumar im ländlichen New Jersey das religiöse Zentrum Siddhachalam (›Wohnsitz der befreiten Seelen‹). Sushil Kumar entstammte einer hinduistischen Familie und war im Alter von 15 Jahren der jainistischen Reformgemeinde der Śvetāmbara-Sthānakvāsī beigetreten. Entgegen der Mönchsvorschrift, nach der Asketen die Nutzung von Fortbewegungsmitteln jeglicher Art strengstens untersagt ist, reiste er 1975 in die Vereinigten Staaten, um dort die Botschaft des Jainismus außerhalb Indiens zu verbreiten und alle Jainas in einer Gemeinschaft zusammenzubringen. Diese Reise war sehr umstritten, doch seinen Anhängern gilt er als erster jainistischer Mönch, der Indien verließ, ohne dadurch das Mönchtum aufzugeben. So wurde er 1980 zum Gemeindeführer (*ācārya*) des Arhat Sangh ernannt und gilt als Gründungsfigur eines »amerikanischen Jainismus«, dessen Angehörige sich nicht mehr als Diaspora empfinden, sondern als Teil der amerikanischen Gesellschaft und der religiösen Vielfalt des Landes.

Siddhachalam wurde zunächst als Ashram gegründet, d. h. als Ort der Versammlung und gemeinsamen Meditation und Einkehr. Doch schon bei der Gründung des Ashrams bestand die Idee, hier in der Diaspora einen heiligen Ort des Jainismus zu schaffen. Als jainistischer *Tīrtha* wurde Siddhachalam dem bereits erwähnten Wallfahrtsort Parasnath in Jharkhand nachempfunden und überträgt dessen Wirkung an den Platz von Siddhachalam. Sushil Kumar erklärte bei der Eröffnung des Ashrams im Dezember 1975, dass er bereits im Alter von 15 Jahren eine Vision gehabt habe, wonach er auf einem Hügel einen Tempel errichtet habe. Diese Vision sah er mit der Eröffnung des Ashram als erfüllt.

Siddhachalam hat den Anspruch, den Angehörigen aller Sekten und Schulen offen zu stehen und gehört nicht einer bestimmten Richtung an. Doch auch wenn der Ort längst nicht von allen Jainas als *Tīrtha* anerkannt wird, so zeigt sich hier doch besonders einprägsam, wie die Idee des jainistischen Wallfahrtswesens an einen Ort außerhalb Indiens übertragen wird.

VI. Kunst und Symbolik

Was ist »jainistische Kunst«? In den vergangenen Jahrzehnten wurden weltweit zahlreiche Bücher mit diesem oder einem ähnlichen Titel verfasst und mehrere Ausstellungen in Europa und Nordamerika widmeten sich diesem Thema. Doch strenggenommen handelt es sich dabei um Kunst- und Ritualobjekte, die *von Nicht*-Jainas *für* Jainas angefertigt wurden. In den meisten Fällen waren jainistische Gläubige die Auftraggeber oder Stifter der Bildnisse, Tempel oder Handschriften, aber sie wurden von Künstlern oder Kunsthandwerkern anderer Konfessionen hergestellt. Es gibt keine Hinweise, dass Angehörige des Jainismus diese Objekte tatsächlich hergestellt haben. Den mit der Herstellung von Kultbildern oder Handschriften betrauten Berufsgruppen gehörten Jainas nach derzeitiger Quellenlage zumindest nicht an.

Weiterhin stellt sich die Frage nach der Identifizierung eines Kunst- oder Ritualobjektes als »jainistisch«. Insbesondere bei älteren Objekten, die im Altertum oder während des Mittelalters hergestellt wurden, ist dies im Regelfall nur dann möglich, wenn sie entweder eine entsprechende Inschrift oder Abbildungen des Jina bzw. anderer eindeutig jainistisch konnotierter Bildelemente aufweisen. Bei archäologischen Funden können auch Fundkontext und Fundsituation eine Identifizierung ermöglichen. Viele Artefakte lassen aber eine eindeutige Zuordnung zu einer bestimmten religiösen Tradition nicht zu, denn zahlreiche Motive werden gleichermaßen im Jainismus, Buddhismus und Brahmanismus verwendet, wenn auch mit teils unterschiedlichem Symbolgehalt. Die Herstellung solcher Objekte kann bereits als eine Form des Austausches zwischen den Religionen angesehen werden.

Zwischen der vermuteten Lebenszeit des Religionsgründers Mahāvīra und der Schöpfung der ersten Kultbildnisse des Jina vergingen mehrere Jahrhunderte, währenddessen sich die »Urgemeinde« von einer Gruppe asketisch lebender Wandermönche unter Führung ihrer geistigen Lehrer hin zu einer Religionsgemeinschaft mit Asketen und Laienanhängern entwickelte. Aus kunsthistorischer Sicht markiert die Gründung der Laiengemeinde einen wichtigen Wendepunkt in der Geschichte des Jainismus, denn von dort kamen vermutlich die Impulse, die schließlich zur Herausbildung des Bilderkultes führten. Erst die Schöpfung des Jina-Bildes durch die Künstler macht die religiösen Lehren in der Darstellung ihres Stifters sichtbar, d. h. Religion und Stifter können durch die Kunst betrachtet werden. Der Asketenorden hatte hingegen zumindest im alten Indien keinerlei Verwendung für künstlerische oder kunsthandwerkliche Gegenstände, denn diese standen seiner Auffassung von Besitzlosigkeit und Weltabkehr entgegen; Kultbilder kommen in der frühen Überlieferung daher ebenso wenig vor wie Opfer oder Votivgaben.

Hier stellt sich nun die Frage nach dem Verhältnis zwischen jainistischer Religion und altindischem Kunstschaffen. Die Künstler selbst fertigten die Bildnisse als Auftragsarbeiten für wohlhabende Stifter und orientierten sich dabei an deren Vorgaben und Wünschen, ohne mit dem jainistischen Kult und Ritus selbst vertraut zu sein. Die Wanderasketen nahmen vermutlich kaum direkt Einfluss auf die Gestaltung dieser jainistischen Kunstobjekte, obwohl gerade die Kultbildnisse für die Angehörigen des Laienstandes – von deren Unterstützung auch die Asketen abhingen – große Bedeutung gehabt haben dürften. In der Herstellung der Bildwerke kam es so immer wieder zu Veränderungen oder Ergänzungen des ikonographischen Programms und selbst zu Übertragungen aus dem Bildprogramm fremder Religionen, z. B. des Buddhismus und der brahmanischen Religionen. Diese Innovationen wurden – oft erst nach ihrer Entstehung – in der jainistischen Literatur aufgegriffen, gedeutet und damit legitimiert. Solche Prozesse wirkten wiederum zurück in das religiöse Brauchtum der Jainas und belegen, dass die Kunst einen erheblichen Einfluss auf die jainistische Religion ausübte. Diese beugte sich dem künstlerischen Schaffen, anstatt dessen Rahmen abzustecken und die Symbolik zu bestimmen. Was die äußere Form der Kunstwerke betrifft, so oblag ihre stilistische und insbesondere die ästhetische Gestaltung vor allem den Künstlern und entzog sich zumindest teilweise selbst dem Einfluss der Stifter. Daher stellt sich vorsichtig die Frage, inwieweit die jainistische Bildsprache überhaupt vom Jainismus selbst geformt wurde.

Die Darstellung des Jina

Während die eingangs beschriebene Jina-Legende vom Lebensweg und dem Wirken Mahāvīras berichtet, ist seine Darstellung eine symbolische Verbildlichung des erinnerten Religionsstifters. Für den Gläubigen gehören literarische Überlieferung und figürliche Darstellung zusammen, das Jina-Bild ist für ihn daher eine Veranschaulichung der in den Legenden beschriebenen Person. Bei genauer Betrachtung enthalten bildliche und literarische Überlieferung zwar gemeinsame Schnittmengen, sie sind jedoch nicht deckungsgleich und enthalten unterschiedliches Wissen. Das Jina-Bild ist weder das Abbild einer historischen Figur noch jenes in den Legenden geschilderten Wanderasketen. Es ist vielmehr das Sinnbild eines idealen Asketen, der sitzend oder stehend dargestellt wird. Die Gestaltung folgt nicht den Vorgaben der menschlichen Anatomie, sondern schafft ohne die Modellierung von Muskulatur oder Knochenbau ein Sinnbild geistiger Schönheit nach festgelegten Maßen und Proportionen. Jainistische Kultfiguren haben so stets die gleiche Form, sie zeigen nicht die Merkmale eines bestimmten Jina, sondern stattdessen die übermenschlichen Qualitäten, die jedem von ihnen eigen sind. Zeichen von Individualität oder charakterlicher Eigenschaften wären hier eine Störung der darzustellenden Perfektion. Die anfängliche Funktion des Jina-Bildes ist nicht bekannt, doch entwickelt es sich recht schnell zum wichtigsten Bestandteil der jainistischen Kultfigur.

Frühe Darstellungen aus dem 1. oder 2. Jh. n. Chr. zeigen den Jina sitzend auf einem königlichen Thron oder stehend auf einem sockelartigen Podest. In mancherlei Hinsicht erinnert das Jina-Bild an den Buddha, wobei es heute als einigermaßen gesichert gilt, dass die Darstellung des Buddha von der des Jina abgeleitet wurde. Zeigen frühe Bildnisse den Jina vorwiegend als Einzelfigur ohne schmückendes Beiwerk, so wird das Bildprogramm ab dem 5. Jh. n. Chr. schrittweise erweitert. Auf diese Weise entsteht eine Einrahmung des Jina aus unterschiedlichen Motiven, die sich zwischen dem 11. und 13. Jh. zum festgelegten Bildinventar verfestigt.

Die ältesten erhaltenen Abbildungen des Jina entstanden um die Zeitenwende in der Umgebung der antiken Stadt Mathurā im nördlichen Indien. Der Ort war zu dieser Zeit ein bedeutendes kunsthandwerkliches Zentrum, in dessen Manufakturen zahlreiche Bildnisse des Buddha und des Jina sowie der brahmanischen Götter produziert wurden. Die genauen Umstände, die zur figürlichen Abbildung des Jina führten, sind unklar. Die ältesten Darstellungen, die als Bild des Jina gedeutet werden, befinden sich auf steinernen Votivtafeln (*āyāgapaṭa*) und zeigen das Piktogramm einer sitzenden Figur unter einem mit Girlanden geschmückten Ehrenschirm.

Ob in dieser Abbildung tatsächlich schon der Jina gesehen oder lediglich das generische Bild eines geistigen Lehrers als Symbol der jainistischen Lehre gezeigt wurde, ist unklar. Die Gestalt der sitzenden Figur stimmt jedoch überein mit den etwa ein Jahrhundert später hergestellten Kultbildern. Es liegt also nahe, darin einen Vorläufer der späteren Kultfigur zu vermuten. Die Kenntnis des späteren Kultbildes verleitet dabei allerdings zu der vorschnellen und irrtümlichen Annahme, dass es sich hier notwendigerweise um den Jina und damit gleichzeitig um eine frühe Form eines Kultbildes handeln müsse, anstelle einer piktogrammatischen Abbildung mit der allgemeinen Bedeutung ›Jina‹ ohne unmittelbare kultische Funktion.

Die Funktion der Votivtafeln wurde gelegentlich als eine Art ›Gedenkstein‹ mit einer rituellen Funktion erklärt. Dazu passt eine Textstelle in einem Kommentar zum buddhistischen Pali-Kanon, nach der das Verehrungsobjekt der Nirgranthas (d.h. der Jainas) die Nirgranthas selbst sind, also die durch die Asketengemeinde verkörperte Heilslehre und der dort verkündete Heilsweg. Legt man diese Aussage zugrunde – die allerdings später zu datieren ist als die frühesten Darstellungen des Jina –, wäre die Verehrung der frühen jainistischen Laienanhänger nicht auf den Jina selbst ausgerichtet, sondern einzig auf die Lehre, die auf den Votivtafeln durch das Jina-Bild versinnbildlicht ist.

Der Gedanke einer stark vereinfachenden Abbildung, die sich auf den bloßen Körperumriss des Jina beschränkt und alle individualisierenden Merkmale des geistigen Führers ausspart, prägt nicht nur die Darstellung des Jina seit ihren Anfängen, sondern setzt sich in der Entwicklung jainistischer Kunst insgesamt fort. Das an sich schon minimalistische Bild eines Menschen wird bis zum Mittelalter weiter abstrahiert, der Körper zunehmend geometrisiert. Diese Vereinfachung der Abbildung versucht die menschliche Form des Jina-Bildes der Perfektion des erlösten Jina anzunähern. Dem Gläubigen präsentiert sich der Jina im Kultbild somit nicht als menschliches Individuum, Ordensgründer oder Heiliger, sondern als göttliches

Wesen, das die als Weltordnung verstandene Lehre sichtbar macht und deren Verehrung ermöglicht. Zu erwägen ist daher, ob die Jina-Legende als eine Reaktion auf bereits existierende Jina-Bildnisse zu verstehen ist und nicht als Vorlage für diese Darstellungen. Die Legende in ihren verschiedenen Versionen ist damit auch ein Instrument, mit dem die Vergöttlichung des Jina weiter vorangetrieben und die übermenschlichen Qualitäten des Jina stärker betont wurden.

Anders als beispielsweise im Buddhismus, wo erzählende Reliefs sehr früh eingeführt wurden und den Buddha als Menschen innerhalb einer bestimmten Handlung zeigten, beschränkte sich die jainistische Kunst bis in die frühe Neuzeit auf eine Darstellung des Jina als Kult- oder Andachtsbildnis. Das völlige Fehlen erzählender Reliefs mit Episoden des Jina-Lebens in der frühen Kunst des Jainismus ist wohl darauf zurückzuführen, dass es keine verbindliche Vita des Ordensgründers gab. Religionsgeschichtlich trug die Darstellung des Jina maßgeblich zur Herausbildung der Jaina-Religion bei und markiert die Konsolidierung des Laienstandes. Dieser verfügte mit der aufkommenden Bilderverehrung über eine zusätzliche Erlösungsstrategie und stützte die Heilserwartung nicht mehr allein auf die eigene Weltflucht oder die als verdienstvoll angesehene Versorgung der Asketengemeinde.

Aus dem Jina-Bild entwickelte sich schrittweise das jainistische Kultbild. Die Grundidee dabei ist die Deifikation des Jina, der dem Gläubigen nicht mehr allein als Verehrungsobjekt, sondern als erster unter den Göttern (*devādideva*) und damit als Herrscher des Universums gegenübersteht. Dies wird durch den dreifachen Ehrenschirm ausgedrückt, der gegenüber dem einfachen Herrscherschirm die drei Welten des jainistischen Kosmos symbolisiert. Der Jina ist eingefasst von einem weitgehend festgelegten Ensemble aus Wedel- und Girlandenträgern, Musikanten und Elefanten. In Kombination mit dem

Löwenthron, dem Ehrenschirm und dem Nimbus des Jina symbolisieren diese Figuren die ›acht großen Wunder‹ (*aṣṭa-mahāprātihārya*), die im Moment der Allwissenheit (»Erleuchtung«) eines Jina auftreten. Das Erreichen dieser Allwissenheit transformiert den Jina in ein übermenschliches Wesen, das den gesamten Lauf der Welt und das Schicksal jedes einzelnen Lebewesens kennt, in das Gefüge der Welt aber nicht einzugreifen vermag.

Die Erweiterung des Bildprogramms führte zur Herausbildung eines rahmenartigen Ziergiebels (*parikara*), in dessen Nischen das Bildprogramm nach einem festgelegten Muster gruppiert und kombiniert werden kann. Der Jina als Hauptfigur sitzt auf einem von Löwen getragenen Thron. Unterhalb des Thronsockels befindet sich ein von Gazellen flankiertes Rad als Symbol der Lehre, daneben sind zu beiden Seiten die acht bzw. neun Planeten des jainistischen Kosmos gruppiert. Die Anordnung der Gestirne unterhalb des Jina-Throns unterstreicht die hohe kosmische Position, die dem nun allwissenden Jina zugeschrieben wird. Der Jina ist umgeben von Wedelträgern, Musikanten und fliegenden Himmelswesen. Der rundbogenförmige Ziergiebel ist mit einem Wasserkrug und zwei stilisierten Blättern geschmückt. Zu beiden Seiten des Thrones sitzen zwei Naturgeister (Yakṣa und Yakṣiṇī), die als niedere Gottheiten der Volksreligion in den jainistischen Schriften schon früh Erwähnung finden und als Begleiter oder Beschützer (*śasanadevatā*) des Jina in der Kunst seit dem 5. Jh. abgebildet werden. Ihre Aufnahme in das Bildprogramm jainistischer Kultbilder deutet auf Veränderungen innerhalb der Religion hin, der nun Elemente der Volksreligion hinzugefügt wurden.

Jainistische Metallobjekte sind hinsichtlich der abgebildeten Motive und der verwendeten Ikonographie mit steinplastischer Kunst eng verbunden, unterscheiden sich aber in ihrer Funktion erheblich. Während steinplastische Figuren im Regelfall an einem dafür vorgesehenen Ort fest installiert sind, sind metallene Objekte grundsätzlich transportabel. Eine Ausnahme bilden große Kultbildnisse, die seit der frühen Neuzeit aus Bronze gegossen wurden und als Kultbild im Regelfall eine ähnliche Funktion erfüllen, wie ähnlich gestaltete Steinplastiken.

Die Herstellung jainistischer Kultobjekte aus Bronze lässt sich bis in die ersten nachchristlichen Jahrhunderte zurückverfolgen. Diese ältesten erhaltenen jainistischen Bronzen zeigen den Jina als stehende Einzelfigur in einer asketischen Haltung (*kāyotsarga*) und ohne Nebenfiguren oder dekorative Elemente. Einige besonders frühe Bronzefiguren dieses Bildtyps wurden als Teil eines Hortes in Chausa im ostindischen Unionsstaat Bihar entdeckt. Die genauen Umstände, die zur Bergung des Hortfundes führten, sind nicht bekannt, die geborgenen Bronzen befinden sich heute im Museum von Patna. Die Abbildung einzelnstehender Jinas wurde im westlichen Indien noch bis in das 8. Jh. fortgeführt, scheint dann jedoch endgültig von den Bronzen mit reicherem Bildprogramm abgelöst worden zu sein. In den weiter südlich gelegenen Regionen der heutigen Unionsstaaten Andhra Pradesh und Karnataka wurde diese Tradition hingegen noch länger fortgeführt.

Ungefähr im 8. Jh. weitete sich die Produktion jainistischer Bronzefiguren stark aus. Spätestens seit dieser Zeit werden nun auch Bildnisse des sitzenden Jina hergestellt, die oft Darstellungen des Buddha sehr ähnlich sind. Während jedoch der Buddha eine Mönchsrobe trägt, ist der Jina unbekleidet oder, auf Bildnissen der Śvetāmbaras, mit einem einfachen Hüftgewand versehen. Das Hüftgewand zur Unterscheidung stehender Bildnisse der Śvetāmbaras von denen der Digambaras wurde erst im 6. Jh. eingeführt. Bis dahin bestand eine andere Vorgabe: Varāhamihira vermerkte in der 1. Hälfte des 5. Jh. in der *Bṛhatsaṃhitā*, dass der Jina stets unbekleidet darzustellen sei. Seit dem 8. Jh. werden auch die sitzenden Jina-Bildnisse der Śvetāmbaras mit einem Hüftgewand abgebildet. Dieses ist am Körper einer sitzenden Figur eigentlich nicht sichtbar und wird daher durch einen Gewandzipfel zwischen den gekreuzten Beinen angedeutet.

Von den Bildnissen des Buddha unterscheidet sich der Jina vor allem durch ein auf der Brust abgebildetes Glückszeichen (*śrīvatsa*), das bei Bronzefiguren zumeist rautenförmig, in seltenen Fällen auch rund ist. Zusätzlich sind bei jüngeren Bronzen häufig neun Körperpunkte mit Metalleinlagen markiert, die im Ritual von den Laien mit Sandelholzpaste eingerieben werden.

Stehende Jina-Bildnisse in allen Materialien unterscheiden sich von sitzenden Darstellungen durch besondere Körperproportionen. So wird der stehende Jina mit auffallend breiten Schultern und kräftigen, zuweilen unnatürlich lang anmutenden Armen abgebildet. Der Kopf erscheint dabei leicht verkleinert und es entsteht der Eindruck, als sollte der überproportionierte Oberkörper auf diese Weise noch hervorgehoben werden. Den sitzend abgebildeten Tīrthaṅkaras fehlen hingegen die ausgeprägten Schultern.

Wie bei Abbildungen des Buddha sind auch die Ohrläppchen des Jina langgezogen. Der Überlieferung zufolge trug der Jina, wie auch der Buddha, vor der Weltentsagung schweren königlichen Ohrschmuck. Beim Eintritt in den Asketenstand wurde dieser Schmuck abgelegt, doch die vom Tragen des Ohrschmuckes langgezogenen Ohrläppchen blieben sichtbar und verweisen auf die königliche Herkunft der beiden Religionsführer. Abbildungen eines geschmückten Jina sind in der jainistischen Bronzekunst unüblich. Eine Ausnahme bilden nur die Darstellungen Mahāvīras als Jīvantasvāmī. Dabei handelt es sich um den im Palast meditierenden Prinzen Vardhamāna vor der Weltentsagung, ausgestattet mit Krone und königlichem Schmuck. Diese Darstellungsform wird zuweilen auch als Jinasattva (jainistisches Erleuchtungswesen) dem buddhistischen Konzept des Bodhisattva gegenübergestellt.

Die Gestaltung von Gesicht und Frisur des Jina wandelte sich über die Jahrhunderte. Die Augen des Jina sind in der Regel geöffnet und blicken geradeaus. Der in meditativer Versenkung leicht nach unten geneigte Kopf und die halb geschlossenen Augen, die bronzene Buddha-Bildnisse auszeichnen, sind beim Jina nur in älteren Darstellungen vor dem 7. Jh. zu beobachten und bilden eher die Ausnahme. Ähnlich dem Buddha trägt auch der Jina häufig eine Schädelwölbung (*uṣṇīṣa*), die jedoch unterschiedlich ausgeprägt ist. Die Handhaltung ist einheitlich: Sitzende Tīrthaṅkaras werden ausnahmslos mit Meditationsgeste (*dhyānamudrā*) abgebildet, bei den stehenden Jinas hängen die Arme herab, die Handflächen weisen zum Körper; die unterschiedlichen Handhaltungen buddhistischer Bildnisse sind bei der Darstellung des Jina nicht üblich.

Die meisten frühen Bronzebildnisse zeigen den Jina Mahāvīra oder seinen Vorgänger Pārśva mit einer siebenköpfigen Schlange, die sich hinter seinem Rücken emporwindet und ihre Köpfe haubenartig über dem Kopf des Jina auffächert. Auch der erste Jina Ṛṣabha wurde abgebildet; er ist erkennbar an seinem Haar, das in mehreren Strähnen auf seine Schultern herabfällt. Unterschieden werden können diese drei Jinas allein durch die genannten Merkmale, in ihrer körperlichen Erscheinung sind sie hingegen vollkommen identisch.

Über mehrere Jahrhunderte wurde der Jina auch in der Bronzekunst als Einzelfigur abgebildet. Um die Mitte des 5. Jh. werden ihm Begleitfiguren zugeordnet, so dass aus der einfachen Metallfigur mit der Zeit ein kompakter und transportabler Miniaturaltar wurde. Seit dem Mittelalter wurden solche Altäre in großer Zahl hergestellt und gehörten zur Ausstattung der meisten jainistischen Haushalte im westlichen Indien.

Auch in den Metallfiguren lässt sich die zunehmende Geometrisierung des Jina-Bilds beobachten; zudem werden als Folge der serienmäßigen Herstellung auch andere Bildelemente seit dem 13. Jh. zunehmend abstrahiert und verlieren ihre individuellen Details. Viele Motive, die auf den frühen Bronzen aus dem 6. bis 10. Jh. noch gut erkennbar waren, sind nun stark vereinfacht abgebildet und ohne Kenntnis der Ikonographie bzw. den Vergleich mit älteren Bronzen, die seit dem 11./12. Jh. ein festgelegtes Figurenprogramm enthielten, kaum zu identifizieren.

Dem Sockel vorgeblendet ist, wie auch bei den Steinbildwerken, die Abbildung einer sitzenden Göttin, Śantidevī, die während des Mittelalters von den Śvetāmbaras im nordwestlichen Indien als Hüterin über die rechte Ausführung des Rituals verehrt wurde; im Tempel war sie stets in der Nähe des Sanktums platziert. Dass diese Göttin auch am Sockel der Bronzealtäre erscheint, belegt, dass der Bronzealtar als Ganzes als eine Art Manifestation des – in diesem Fall von den Laien vollzogenen – Rituals angesehen werden kann.

Weitere Symbole sind auf der Sockeloberfläche angebracht. Dazu gehören das ›Rad der Lehre‹ (*dharmacakra*) und die Planetengottheiten (*graha*), die seit dem 6. Jh. in das Bildprogramm der Bronzealtäre integriert wurden. Die Planetengötter wurden zunächst in anthropomorpher Form oder als Köpfe, plastisch oder eingeritzt, vor dem Thronsockel der Hauptfigur oder auf einer umlaufenden Verkröpfung der Basis abgebildet.

Bronzealtar eines Jina; Gujarat, datiert Samvat 1548 = 1491 n. Chr.; Museum Rietberg, Zürich

An den frühneuzeitlichen Bronzekultbildern sind sie zu bloßen Knöpfen reduziert oder mit dem von Gazellen flankierten ›Rad der Lehre‹ (*dharmacakra*) leistenartig verschmolzen und für den mit der jainistischen Ikonographie nicht vertrauten Betrachter vollkommen unkenntlich. Frühe Kultbilder enthalten acht Planetengottheiten (*aṣṭagraha*), etwa seit dem 11. Jh. werden neun Planeten (*navagraha*) abgebildet. Die Anzahl der abgebildeten *Grahas* kann in der figürlichen Kunst somit als Mittel zur relativen Datierung der Kultbilder genutzt werden.

Zwischen den Planetengöttern befindet sich das von einem Gazellenpaar eingefasste Rad der Lehre. Dieses ursprünglich als Sinnbild der ersten Predigt des Buddha im Gazellenhain von Sarnath entwickelte Symbol wurde im 6. Jh. in jainistische

Metallskulpturen inkorporiert. Das Rad, ursprünglich wohl eine Waffe und als solche eines der Attribute des Gottes Viṣṇu, wurde von beiden Religionen schon sehr früh als Symbol einer sich zyklisch erneuernden und weit verbreitenden Lehre aufgenommen. Weshalb auch die Gazellen in die jainistische Ikonographie mit aufgenommen wurden, bleibt unklar.

Viele der bronzenen Altäre tragen auf der Rückseite eine Inschrift, die den Stifter sowie das Datum und die Gründe der Stiftung nennt. Die Inschriften auf frühneuzeitlichen Bronzealtären sind recht einheitlich und verwenden formelhaft standardisierte Textelemente.

Schon früh zeigen die jainistischen Bronzen eine von der steinplastischen Darstellung abweichende Ikonographie, die zwischen dem 6. und 13. Jh. zu einem völlig eigenen »Bronzestil« führt. Anschließend nähern sich Darstellungen in beiden Materialien stilistisch wieder an, so dass sich ab dem 14. Jh. eine relativ einheitliche Darstellungsweise in Stein- und Metallskulpturen sowie in der jetzt erblühenden Miniaturmalerei findet.

Bei dieser Entwicklung handelt es sich um ein vorwiegend auf Westindien beschränktes Phänomen der Jaina-Kunst, weder in Bengalen und Orissa noch in Andhra Pradesh oder Karnataka ist eine vergleichbare Geometrisierung des Abbildungsstils oder eine ähnlich schematisch erscheinende Anordnung der dekorativen Elemente zu beobachten.

Jainistische Malerei und Buchkunst

Die jainistische Miniaturmalerei beginnt im westlichen Indien spätestens im 11. Jh. und erst seit diesem Zeitpunkt lässt sich die Entwicklung der jainistischen Malerei relativ lückenlos verfolgen. Oft wird daher behauptet, dass die jainistische Malerei als solche erst mit der westindischen Buchkunst und der Herausbildung der westindischen Malschulen begann, zeitgleich mit den ostindischen Malschulen der Pāla-Dynastie im heutigen Bihar und Bengalen, wo buddhistische Handschriften entstanden. Tatsächlich ist die Vorgeschichte der westindischen Malschulen nur sehr lückenhaft dokumentiert.

Wand- und Deckenmalerei

Die ältesten erhaltenen Zeugnisse jainistischer Malerei sind die Deckenmalereien im Höhlentempel von Sittannavāśal (Tamil Nadu) aus dem 9. Jh. Die Deckenmalereien von Sittannavāśal enthalten keinerlei Bildinhalte, die für sich genommen als jainistisch gedeutet werden können. Der Höhlentempel ist jedoch durch eine Inschrift als jainistische Kultstätte gekennzeichnet. Daher werden Fresken, die eine Teichlandschaft mit Lotuspflanzen, Fischen und Wasservögeln sowie drei Lotusblüten tragende Menschen zeigen, als Illustration der Lotus-Parabel gedeutet, die im *Sūtrakṛtāṅga* überliefert ist. Darin wird von vier Männern berichtet, die in einen Lotusteich steigen, um eine besonders schöne Blüte zu pflücken. Alle vier bleiben jedoch im Schlamm stecken, bis schließlich ein vorbeikommender Mönch die Sinnlosigkeit ihres Vorhabens erkennt und dem Lotus befiehlt, sich zu erheben und zu ihm zu fliegen. Sein Befehl wird befolgt und der Mönch kann die Blüte ergreifen. Die vier Männer repräsentieren die Irrlehren, die der Erkenntnis im Wege stehen. Die wahre Lehre, d. h. die Lotusblüte, kann allein durch den rechten Lebensweg erlangt werden. Denkbar wäre auch, dass der Lotusteich hier den Ort der Erleuchtung Mahāvīras symbolisiert, der nach Überlieferung der Digambaras auf einem Juwelenpodest in der Mitte eines Teiches im Manohara-Wald bei Pāvāpura stattfand.

Ebenfalls im 9. Jh. entstanden die jainistischen Wandmalereien von Ellora (Maharashtra). Die Tempelanlage besteht aus insgesamt 34 Höhlentempeln; die ältesten Kulthöhlen (5.–9. Jh.) werden dem Buddhismus zugerechnet. Zu den jainistischen Kulthöhlen, die im 8.–10. Jh. entstanden, gehört ein zweistöckiger Höhlentempel, der als ›Versammlungshalle Indras‹ (*indrasabhā*) bezeichnet wird. Darin befinden sich neben Steinfiguren der Jinas Ṛṣabha, Ariṣṭanemi, Pārśva und Mahāvīra auch Wandmalereien, die den Jina stehend während seiner Askese zeigen. Anders als die Deckenfresken von Sittannavāśal beziehen sich diese Malereien eindeutig auf jainistische Inhalte. Die stilistische Nähe der Wandmalereien von Ellora zur mittelalterlichen Buchmalerei im westlichen Indien ist kaum zu übersehen, jedoch lässt sich eine materialbasierte Entwicklungslinie zwischen beiden aufgrund fehlender Quellen nicht nachzeichnen. Die stilistischen Ähnlichkeiten zeigen sich dabei am offensichtlichsten im Vergleich mit den bemalten hölzernen Buchdeckeln (*paṭlī*), die zur Aufbewahrung und zum Schutz der Manuskripte verwendet wurden.

Bemalte Buchdeckel

Die bemalten Buchdeckel (*paṭlī*) des Mittelalters wurden zwischen dem 12. und 14. Jh. angefertigt und bilden eine eigene Gattung innerhalb der jainistischen Buchkunst, die den illustrierten Handschriften der westindischen Malschulen chronologisch vorausgeht. Gemessen an der Zahl der Handschriften ist die Zahl erhaltener Buchdeckel eher gering, wobei für keinen der bekannten Buchdeckel das jeweils zugehörige Manuskript die Zeit überdauert hat. Es ist auch nicht sicher, in welchem Verhältnis Buchdeckel und Handschrift ursprünglich standen und ob die Illustrationen der Buchdeckel Rückschlüsse auf den Inhalt der zugehörigen Handschrift überhaupt zulassen. Auch ist wohl nicht jede Handschrift durch einen der kostbaren hölzernen Deckel geschützt worden: Die Mehrzahl der Palmblatt-Handschriften wurde einfach in Tücher gewickelt. Wahrscheinlich wurden die Buchdeckel nach Größe und ohne Rücksicht auf das Dekor ausgewählt, auch die Verwendung mit wechselnden Manuskripten während der langen Nutzungsdauer der Buchdeckel ist denkbar. Die Buchdeckel können entweder ein- oder beidseitig bemalt sein, wobei figurale Motive, meist Szenen aus dem Erlösungsweg der Jinas und dem Leben jainistischer Heiliger, und dekorative Bildprogramme mit generischen Glückszeichen und Fabelwesen unterscheidbar sind. Obwohl Buchdeckel und Handschriften der Buchkunst angehören, scheint es sich hier um unterschiedliche Maltraditionen zu handeln, die von verschiedenen Künstlern ausgeführt wurden.

Die Tradition bemalter Buchdeckel reicht über das Mittelalter hinaus bis in die jüngste Vergangenheit. Allerdings änderten sich sowohl die Herstellungsweise als auch das Format nach der Ablösung der Palmblattmanuskripte durch Papierhandschriften um 1400. Moderne Buchdeckel aus dem 19. und 20. Jh. sind häufig mit Glückszeichen oder den 14 glückverheißenden Traumbildern geschmückt oder tragen narrative Szenen. Neben bemalte Holzdeckel treten in dieser Zeit zunehmend solche mit textiler Dekoration oder mit Beschlägen aus gehämmerten Metallplatten.

Palmblatthandschriften

Die Anfertigung von Palmblatthandschriften lässt sich in Gujarat in etwa bis zur Mitte des 11. Jh. zurückverfolgen und endet um 1400 nach der Einführung von Papier. Während einer kurzen Übergangszeit zwischen etwa 1375 und 1400 wurden beide Materialien nebeneinander genutzt.

Die Palmblatthandschriften sind gekennzeichnet durch ihr besonderes Format, das dem Material geschuldet ist. Die einzelnen Blätter sind etwa einen halben Meter lang und etwa 8 cm breit. Die einzelnen Blätter werden nicht gebunden, sondern nur lose übereinandergelegt. Oft sind die Blätter an mehreren Stellen gelocht, so dass sie mit einem Faden zusammengehalten werden können.

Gegenüber den Buchdeckeln verfügen die Palmblatt-Miniaturen über einen eigenen Stil und ein gesondertes Bildprogramm, die Motive sind auf die im Vergleich deutlich kleineren Bildflächen abgestimmt. Bis zum 12. Jh. beschränkten sich die Bildthemen auf eine Abbildung verschiedener Gottheiten, die vermutlich als Schutzgeister der Handschriften gedacht waren, sowie auf farbige Diagramme. Erst später wurden komplexere Szenen gezeigt und die ersten Miniaturen mit Szenen aus dem *Kalpasūtra* und anderen jainistischen Legenden entstanden schließlich in der zweiten Hälfte des 13. Jh.

Ein charakteristisches Merkmal der frühen westindischen Miniaturmalerei ist der rote Hintergrund der Szenen; er wurde spätestens im 13. Jh. eingeführt. Es ist unsicher, ob der rote Hintergrund eine indische Erfindung ist oder Vorbilder im persischen oder arabischen Kulturraum hat. Jainistische Händler unterhielten enge Kontakte in diese Gebiete und es ist nicht auszuschließen, dass auch künstlerische Ideen ausgetauscht wurden.

Die narrativen Szenen der Jina-Legende in den Palmblatthandschriften enthalten bereits die Ikonographie der späteren Papier-Miniaturen, und auch die dort übliche formelhafte, piktogrammatische Abbildungsweise ist bereits weitgehend entwickelt. Eine Eigentümlichkeit, die als dekoratives Element später in die Papier-Miniaturen übertragen wurde, sind die

Zierrosetten um die eingestanzten Löcher, durch die die Schnüre zum Zusammenhalten der Blätter gezogen wurden. Im Vergleich mit den Papier-Miniaturen erscheint der Stil lebendig und innovativ.

Bedenkt man die enorme Zahl illustrierter Handschriften, die im Verlauf des 15. und 16. Jh. in Gujarat und Teilen Rajasthans angefertigt wurden, darf dieser Zeitraum zu Recht als eine Blütezeit jainistischer Buchkunst bezeichnet werden. Ursache ist nicht zuletzt eine Veränderung im Stiftungswesen, die vermutlich durch die muslimischen Einfälle im westlichen Indien hervorgerufen wurde. Schenkungen zum Erwerb von religiösem Verdienst (*puṇya*) bestanden seither vorwiegend aus transportablen Gegenständen wie Bronzekultbildern und Handschriften. Den Wert einer Handschrift und somit der Stiftung bestimmten ihre künstlerische Gestaltung, die verwendeten Materialien sowie die Anzahl und Qualität der Miniaturen.

Papierhandschriften

Die Einführung von Papier als Bildträger veränderte das Format der Manuskripte; die Seiten sind nun etwa 20 cm lang und 10 cm breit. Dies eröffnet den Künstlern neue Möglichkeiten der Illustration in den jainistischen Manuskripten. Waren die Illustrationen der Palmblatthandschriften auf kleine Bildflächen zwischen den Textspalten beschränkt, so breitet sich die Malerei nun über größere Flächen aus und erlaubt die Abbildung komplexerer Szenen.

Der Stil, in dem die Miniaturen ausgeführt sind, wird zumeist als westindischer Stil (seltener als Jaina-Stil oder Prakrit-Stil) bezeichnet und entstand wohl durch die Verbindung einer alten, volkstümlich-indischen Bildsprache mit Einflüssen aus der islamischen Welt. Die Ursprünge dieser Malweise liegen im Dunkeln, doch berichtet der buddhistische Mönch Tāranātha in seiner 1608 in Tibet verfassten *Geschichte des Buddhismus,* dass die westliche Malschule auf eine Tradition zurückgehe, die der Künstler Śṛṅgadhāra im 7. Jh. begründete. Dieser Stil ist manieristisch und wird bestimmt durch eine stetige Wiederholung festgelegter Bildformeln. Die Perfektionierung des Bekannten, der vertrauten Form, war das vorrangige Ziel der Künstler. Innovative Motive zu schaffen, lag ihnen hingegen eher fern.

Um 1400 wird der rote Hintergrund an einigen Stellen um blaue Bildflächen ergänzt, die an bestimmten Stellen im Bild, z. B. zwischen den Gliedmaßen von Menschen und Tieren oder bei der Standvorrichtung einzelner Gegenstände, eingefügt wurden. Denkbar ist, dass mit der Einführung einer zweiten Hintergrundfarbe der Eindruck räumlicher Tiefe erzeugt werden sollte, ein Kunstgriff, der den indischen Künstlern vermutlich aus der persischen Malerei bekannt war.

Festgelegte Bildformeln charakterisieren die Szenerie; so steht etwa ein prachtvoll geschmückter Baldachin, gelegentlich ergänzt durch architektonische Elemente, für eine Handlung in einem Gebäude, während Felsformationen, Bäume oder ein schmaler Horizont am oberen Bildrand ein Ereignis unter freiem Himmel andeuten. Einzelne Bildelemente wie etwa Gewässer oder Teile einer Zimmereinrichtung, durch die der Ort einer Szenerie näher zu bestimmen ist, werden in Form von Piktogrammen in das Bild eingefügt.

Die abgebildeten Figuren tragen keinerlei individuelle Züge und sind insgesamt als eine Art Idealbild des Menschen zu verstehen. Eine wesentliche Eigentümlichkeit der westindischen Miniaturmalerei ist hier das über die hintere Gesichtslinie hinausreichende zweite Auge der im Dreiviertelprofil abgebildeten Figuren. Dieses besondere Stilmerkmal blieb nicht auf die

Illustration aus einer *Kalpasūtra*-Handschrift mit Geburtsszene Mahāvīras; Gujarat, 15./16. Jh.; Museum Rietberg, Zürich

westindische Buchmalerei beschränkt, sondern wurde auch von anderen Malschulen aufgegriffen. Eine Wanderung dieses Motivs lässt sich bis in die arabische Malerei verfolgen.

Die offensichtlichsten Einflüsse der islamischen Kunst zeigen sich in den *Kalpasūtra*-Handschriften im Dekor der Seitenränder und in den Ornamenten der Bordüren. Während die Bordüren meist von Hand gemalt wurden, ist der Randdekor häufig mit Schablonen aufgetragen worden. Möglicherweise wurde auf diese Weise versucht, die jainistischen Handschriften optisch den islamischen Manuskripten anzupassen und als religiöse Texte zu kennzeichnen, um sie so vor möglicher Zerstörung durch muslimische Eiferer zu schützen.

Jainistische Symbole

Die jainistische Kunst ist von Beginn durch die Verwendung zahlreicher Sinnbilder und Symbole gekennzeichnet. Dies zeigt sich schon auf den steinernen Votivtafeln aus den ersten nachchristlichen Jahrhunderten und setzt sich fort in der Miniaturmalerei des Mittelalters, wo Piktogramme und festgelegte Bildformeln die Abbildung komplexer Motive und Szenerien ersetzen. Nicht immer sind diese Symbole aus sich selbst heraus verständlich. Auch wandelt sich ihr Sinngehalt über die Jahrhunderte. Einige der häufigsten Symbole sollen hier vorgestellt werden.

Acht Glückszeichen (aṣṭamaṅgala)

Glückverheißende Zeichen kommen in der altindischen Kultur häufig vor und werden daher in zahlreichen literarischen Werken erwähnt. Eine Schwierigkeit besteht in der Zuordnung der in den Texten aufgeführten Zeichen zu den in der Kunst abgebildeten Symbolen. Hinzu kommt, dass nicht selten Überschneidungen zwischen den religiösen Traditionen entstehen, wobei entweder ähnliche Zeichen mit unterschiedlichem Symbolgehalt versehen sind oder dieselbe Bezeichnung unterschiedliche Symbole meint. Dies trifft auch auf die ›acht Glückszeichen‹ (*aṣṭamaṅgala*) zu, die in unterschiedlicher Gestalt sowohl im Jainismus wie auch im Buddhismus vorkommen.

Nicht immer besteht zudem ein nachvollziehbarer Zusammenhang zwischen dem Symbolgehalt, der literarischen Umschreibung oder Benennung eines Zeichens und seiner Darstellung innerhalb der Bildkünste. Oft mag es sich dabei ursprünglich um als übernatürlich gedeutete Phänomene gehandelt haben, deren Erscheinen als glückbringend verstanden wurde und die zu einem späteren Zeitpunkt in verabredeten Symbolen verschlüsselt und abgebildet wurden. Im Jainismus wurden acht anscheinend besonders wirkungsvolle Zeichen zur Gruppe der *Aṣṭamaṅgala* zusammengefasst. Sie werden seither auf Wänden und Portalen von Tempeln angebracht oder zieren unterschiedliche Gegenstände und Gerätschaften.

Hölzerner Buchdeckel mit den acht Glückszeichen; Rajasthan, 19. Jh.; Museum Rietberg, Zürich

Erstmals abgebildet wurden diese Glückszeichen in einem jainistischen Kontext auf den bereits erwähnten steinernen Votivtafeln (*āyāgapaṭa*) aus Mathurā. Auf ihnen sind Glückszeichen in unterschiedlicher Anzahl und Reihenfolge abgebildet. Zu welchem Zeitpunkt die Reihe der *Aṣṭamaṅgala* kanonisiert wurde, ist nicht bekannt. Jedoch sind im *Aupapātikasūtra* die acht Glückszeichen bereits erwähnt. Dieses Werk wurde vermutlich in den ersten nachchristlichen Jahrhunderten verfasst, nur wenig später als die Votivtafeln. Wahrscheinlich fand die Herausbildung der acht Glückszeichen im Zusammenspiel von literarischer Benennung und künstlerischer Abbildung statt und lässt sich anhand der genannten Quellen, wenn auch nur bruchstückhaft, nachvollziehen.

Im *Aupapātikasūtra* begleiten die Glückszeichen die Prozession eines Königs, der einer besonderen Predigt des Jina Mahāvīra beiwohnen möchte; sie erscheinen, als König Kūṇiya mit seinem Hofstaat zum Versammlungsort der jainistischen Gemeinde aufbricht. Ein weiteres Mal manifestieren sich die Glückszeichen über dem Aśoka-Baum, unter dem der Jina predigt.

Die Aufzählung dieser acht Glückszeichen beginnt mit dem *Spiegel* (*darpaṇa*). Seine glückbringende Funktion basiert auf dem ihm zugeschriebenen Schutz vor Zauberei. In der jainistischen Miniaturmalerei symbolisiert der Spiegel die Freude und das Glücksgefühl der Person, die ihn trägt. Im frühneuzeitlichen Indien bestand der Brauch, einem Neugeborenen als wirksamen Schutz gegen den bösen Blick einen Spiegel vorzuhalten.

Der *Glückssitz* (*bhadrāsana*), in frühen Darstellungen ein einfacher Hocker, wird später zum prunkvollen Herrscherthron umgeformt. Die ursprüngliche Bedeutung dieses Symbols ist unklar. Vielleicht handelt es sich um den Sitz des Jina oder der glückbringende Sitz spielt auf den Geldhaufen an, der dem Reichtumsgott Kubera als Thron dient. Ein einfacher Hocker dient zudem in der altindischen Kunst der Königin als Sitz neben dem prächtigen Königsthron ihres Gemahls. Hier hängt der glückbringende Aspekt mit der als segensreich empfundenen Geburt von Söhnen zusammen.

Die *Puderdose* (*vardhamānaka*) hat meist eine pokalartige Form mit engem Fuß und auffälligem verziertem Deckel mit drei Spitzen. Die glückbringende Wirkung besaß der im Gefäß aufbewahrte Puder. Zum einen galt das Anbringen von gepuderten Wangenzeichen (*viśeṣaka*) mit Schablonen als liebes- und lustfördernd. Zum anderen schrieb man vor allem dem roten Holipulver (*paṭavāsa*) eine wachstumsfördernde Wirkung auf Menschen und Pflanzen zu, die sich bis heute im Werfen von farbigem Puder beim indischen Frühlingsfest *Holi* ausdrückt.

Der *Krug* (*kalaśa*) wird meist als bauchiges Gefäß abgebildet. Ein wassergefüllter Krug als Sinnbild von Lebenskraft und Wohlstand ist ein häufiges Motiv der altindischen Kunst. Wasser ist zudem wichtiger Bestandteil altindischer Rituale, darunter der Königsweihe. In der buddhistischen Kunst symbolisiert der Krug Buddhas erstes Bad.

Die beiden *Fische* (*matsya*) sind ebenso wie der Krug auch in der Aufzählung der acht buddhistischen Glückszeichen enthalten. Das Fischpaar wird häufig als Symbol des Doāb, der mythologisch wichtigen, fruchtbaren Ebene zwischen den Flüssen Ganges (*gaṅgā*) und Yamuna (*yamunā*), gedeutet.

Das *Brustzeichen* (*śrīvatsa*) wird sowohl als Brustsymbol des Gottes Viṣṇu als auch des Jina genannt, vermutlich ist es als Symbol insgesamt wesentlich älter als die ersten Bildnisse des Jina oder des Gottes Viṣṇu. Auf Kultbildnissen von Viṣṇu, bei dem der *Śrīvatsa* göttliche Kraft und königliche Würde zeigte, entsprach seine Form zunächst der des *Śrīvatsa* der Jinas. Die Brustmarkierung des Jina nahm mit der Zeit die Form einer Blüte an. Bei Viṣṇu änderten sich Form und Position: Der *Śrīvatsa* saß nun entweder auf der rechten Seite seiner Brust oder verschmolz mit dem Brustjuwel (*kaustubha*), das den Gott schmückte.

Das *Hakenkreuz* (*svastika*) gehört zu den ältesten Glücksymbolen und war in vielen vorgeschichtlichen Kulturen verbreitet. Im indischen Kulturraum wird es häufig um vier Punkte in den Winkeln ergänzt; nach jainistischer Vorstellung erscheint es auf Händen und Füßen heiliger Menschen.

Der *Glückswirbel* (*nandyāvarta*) ist in seiner neuzeitlichen Gestalt vermutlich vom *Svastika* abgeleitet. Seine zweifach geschwungene ältere Form erinnert an das griechische Omega.

Heilige Silben

Seit dem Mittelalter verbreiteten sich in den jainistischen Gemeinden magische Praktiken, die dem Tantrismus nahestanden. Ein wichtiger Teil magischer Praxis war neben der Rezitation heiliger Laute vor allem die Verwendung ritueller Diagramme (*yantra*), auf denen Ur-Laute wie die Silben *auṃ* oder *hrīṃ* durch ein festgelegtes Symbol abgebildet wurden. In den

Illustration aus einer *Kalpasūtra*-Handschrift mit elf *Gaṇadhāras* und der Silbe *hrīṃ*; Gujarat, 15./16. Jh.; Museum Rietberg, Zürich

meisten Fällen war dies aus einer Verbindung (Ligatur) der entsprechenden Schriftzeichen hergeleitet. Den einzelnen Strichen der Ligatur sind unterschiedliche Farben zugewiesen und jeder der 24 Tīrthaṅkaras ist einem Abschnitt der Ligatur zugeordnet. Im Fall der Silbe *hrīṃ* sind dies die *Devanāgarī*-Zeichen für h + r + ī sowie der *Anunāsika* zur Nasalierung. Die Idee einer Rezitation heiliger Silben geht ursprünglich wohl auf die intonierten Opferformeln der Veden zurück, fand in veränderter Form aber ihre Fortführung in brahmanischen und später vor allem in buddhistischen Traditionen, wo heilige Laute (*mantra*) bis heute als wesentlicher Bestandteil der Versenkung gelten.

Die Darstellung heiliger Silben erfolgte erstmals in den mittelalterlichen Handschriften und entwickelte sich seither zum beliebten Bildmotiv in der jainistischen Kunst. Neben der Verwendung in der Malerei werden heilige Silben auch vielfach in Tempeln abgebildet. Später wurde den Silben neben ihrem esoterischen Gehalt auch eine talismanische Funktion zugesprochen. Im alten Indien schloss der asketische Weg zur Erlösung die Nutzung von Magie aus. Magische Praktiken waren den Mönchen ebenso verboten wie die Traumdeutung und Astrologie. Vermutlich durch die Stärkung des Laienstandes wandelte sich diese Haltung im Mittelalter, denn ein generelles Verbot magischer Praktiken scheint zumindest seitdem nicht geherrscht zu haben. Stattdessen entstanden in dieser Zeit zahlreiche Werke über Zauberei, Mantik und Okkultismus, die den Gläubigen auf einem Pfad abseits der Askese zur Erlösung führen sollten.

Epilog

Religionen befinden sich in einem steten Prozess der Entwicklung und Veränderung. Die meisten Entwicklungsprozesse vollziehen sich über lange Zeiträume und werden von den Gläubigen nicht unmittelbar wahrgenommen. Ihnen gilt die Religion, der sie angehören, als vollendet und gelegentlich gar als unveränderbar. Wird unmittelbare Veränderung angestrebt, so geschieht das in Gestalt von Reformen, die den Glauben einzelner Gruppen verändern oder zu Abspaltungen führen können. Dem Jainismus ist dies, wie in den vorherigen Kapiteln deutlich wurde, in seiner langen Geschichte mehrfach widerfahren, denn auch er ist als lebendige Religion ständiger Veränderung unterworfen.

Wie alle Religionen entwickelt sich aber auch der Jainismus nicht allein durch die interne Auseinandersetzung mit eigenem Wissen und eigenen Vorstellungen. Es sind äußere Einwirkungen und Impulse, die zu Veränderung und Weiterentwicklung führen; gesellschaftliche Veränderungen oder wissenschaftliche Erkenntnisse können bestehende Gewissheiten und Vorstellungen in Frage stellen, so dass existierende Überzeugungen neu überdacht werden müssen. Nicht zuletzt stellt sich auch die Frage, inwieweit eine Gemeinschaft wie der Jainismus ihre Werte und Verhaltensweisen auch denen gegenüber aufrecht halten und anwenden kann und will, denen diese Werte nichts bedeuten. Dieses Dilemma zu lösen, ist eine der größten Herausforderungen für jede Gemeinschaft. Wie weit reicht die Verpflichtung, auch dann an Werten und Idealen festzuhalten, wenn sie mit Kräften konfrontiert sind, denen diese Werte gleichgültig sind?

Für religiöse Gemeinschaften bedeutet das neben dem Umgang mit anderen sozialen Strukturen auch die Auseinandersetzung mit Werten und Wissen anderer religiöser Traditionen. Auch der Jainismus war zu jeder Zeit solchen Einflüssen ausgesetzt, die nicht nur seine geschichtliche Entwicklung und damit seine heutige Gestalt formten, sondern grundlegend zu seinem Entstehen beitrugen.

Für den Jainismus der Gegenwart sind einerseits die Veränderungen prägend, denen die indische Gesellschaft in den letzten Jahrzehnten durch technischen Fortschritt und gesellschaftlichen Wandel ausgesetzt ist. Gleichzeitig führt das Erstarken der Diasporagemeinden zu einer Diskrepanz zwischen den indischen Gemeinden und dem Jainismus in der Diaspora. Jainas in Europa und Nordamerika verstehen ihre Anwesenheit im beginnenden 21. Jh. nicht mehr als temporäre Notwendigkeit, sondern etablieren sich dauerhaft außerhalb Indiens. Als Konsequenz sehen sie sich weniger stark an Indien und die dortigen jainistischen Traditionen gebunden, sondern ringen vielmehr um eine eigenständige Identität.

Der zeitgenössische Jainismus sucht zudem die Anschlussfähigkeit an die globale Gesellschaft. Dies geschieht beispielsweise über grundlegende Werte der westlichen Gesellschaften, in denen die Jainas Grundprinzipien ihrer Religion erkennen. Dass Gewaltlosigkeit und Toleranz bereits von jainistischen Gelehrten im alten Indien gepredigt wurden und somit lange Zeit vor deren Aufkommen in Europa, bestärkt die Überzeugung, dass der Jainismus ein richtiger und nachhaltiger Weg ist.

Dabei stehen die Anhänger des Jainismus in einem Spannungsfeld von Traditionswahrung und Anpassung, das nicht nur, aber insbesondere auf die jainistischen Gemeinden außerhalb Indiens wirkt. Zur Bewahrung einer ›jainistischen Identität‹ ist hier eine Ausformung von Traditionen erforderlich, die in den westlichen Gesellschaften Bestand haben können, ohne darin vollständig aufzugehen. Gleichzeitig konkurrieren die Jainas außerhalb ihrer Gemeinde um die Anerkennung als

Tempelhalle im Jain Center of Southern California, Buena Park (USA)

Religionsgemeinschaft in einer westlichen, von monotheistischen Religionen geprägten Gesellschaft. In der Diaspora ist der Jainismus spürbar näher an die westliche Gesellschaft herangerückt, und dies nicht nur in einem räumlichen, sondern auch in einem geistigen Sinne. Der Jainismus wird nun deutlicher wahrgenommen, er ist sichtbarer und als eine Folge wächst das Interesse der westlichen Gesellschaft an seiner Geschichte und seinen Glaubensinhalten und dem Umgang der Jainas mit den Herausforderungen der Gegenwart. Und er wird zunehmend interessanter für diejenigen Menschen, die nach neuen Wegen der Spiritualität suchen. Eine wesentliche Frage wird daher in den nächsten Jahren sein, wie stark die jainistischen Gemeinden auf dieses Interesse eingehen wollen. Die jainistische Lehre, so ist oft zu hören, steht jedem Menschen offen. Jeder kann dem Weg folgen, den die Jinas einst gewiesen haben. Aber werden sich die Gemeinden auch für Menschen öffnen, die zum Jainismus übertreten möchten, so wie dies im

Buddhismus schon seit langem der Fall ist? Oder bleiben sie als Gruppe eine geschlossene Gemeinschaft, in die man hineingeboren werden muss?

Die Jainas sind bemüht, aus den Lebensregeln ihrer Religion Konzepte für ein verträgliches, nachhaltiges und respektvolles Leben im 21. Jh. zu formen – eine Haltung innerhalb des Jainismus, die bestrebt ist, das bis heute überlieferte alte Wissen für das Leben in einer modernen Welt nutz- und anwendbar zu machen. Es ist noch nicht entschieden, wie in diesem Prozess die Akzente gesetzt werden. In jedem Fall aber lohnt es sich, den Jainismus und seine Entwicklung weiter im Blick zu behalten.

Glossar

Ācārāṅgasūtra: ein Buch des Śvetāmbara-Kanons. Das zweiteilige *Ācārāṅgasūtra* gehört zur ältesten jainistischen Überlieferung der Śvetāmbaras und enthält eine frühe Schilderung vom Leben Mahāvīras.

Ācārya: geistlicher Lehrer und Oberhaupt einer Gemeinde.

Āgama (›Tradition‹): kanonische Textsammlung der Śvetāmbaras (Śvetāmbara-Kanon).

Ahiṃsā (›Gewaltlosigkeit‹): Der Verzicht auf jegliche Form von Gewalt gehört neben Besitzlosigkeit (*aparigraha*), Enthaltsamkeit (*brahmacarya*), Ehrlichkeit (*satya*) und Rechtschaffenheit (*asteya*) zu den Grundprinzipien des Jainismus.

Ājīvika: eine asketische Bewegung, die sich ebenso wie der Jainismus und der Buddhismus gegen die Vormachtstellung der Brahmanen und die vedische Religion wendete. Ihr Anführer war Maṅkhali Gośāla, der in den jainistischen Schriften als ein Zeitgenosse und Konkurrent Mahāvīras erwähnt wird.

Amūrtipūjaka (›Bilderfeindliche [Tradition]‹): Unter dem Einfluss von Reformbewegungen, die seit dem 15. Jh. entstanden, teilten sich die jainistischen Gemeinden in bilderverehrende und bilderfeindliche Schulen.

Anekāntavāda (›Nicht-Einseitigkeit‹): eine Sichtweise der jainistischen Philosophie, bei der die Wahrheit niemals von einem einzigen Standpunkt aus erfasst werden kann und man sich mit einer philosophischen Frage stattdessen aus mehreren Perspektiven befassen sollte.

Anuvrata (›kleine Gelübde‹): die von den jainistischen Laien abgelegen Gelübde. Diese entsprechen weitgehend den Mönchsgelübden (*mahāvrata*), werden jedoch weniger streng ausgelegt.

Āvaśyaka (›unerlässlich‹): die sechs Pflichten, denen jainistische Mönche und Nonnen nachkommen müssen. Diese bestehen in Gleichmütigkeit durch Meditation, Preisung der Jinas, Verehrung der geistlichen Lehrer, dem Eingeständnis von Verfehlung und daran anschließend der Bitte um Vergebung, der Askese und dem zeitlich begrenzten Nahrungsverzicht.

Bhadrabāhu: gelehrter Mönch, der im 3. oder 4. Jh. v. Chr. gelebt haben soll. Bei den Śvetāmbaras gilt er als Verfasser des *Kalpasūtra*.

Bhaṇḍhāra (›Lager‹): jainistische Bibliothek. In den von Laienanhängern geführten Bibliotheken, die häufig an Tempel angegliedert sind, werden bedeutende Handschriften des Jainismus aufbewahrt.

Brahmane, Brahmanin: Ursprünglich Angehörige der vedischen Priesterkaste. Aus der vedischen Religion entwickelten sich später die hinduistischen Religionen. Im alten Indien genossen die Brahmanen eine gesellschaftliche Vormachtstellung, der die Jainas sich widersetzten.

Caityavāsin (›Bewohner eines Tempels‹): eine im indischen Mittelalter aufkommende Mönchsbewegung. Die *Caityavāsin* gaben die Wanderaskese auf und bezogen jainistische Tempel oder ließen sich in deren Nähe nieder.

Digambaras (›mit den Weltgegenden bekleidete [Asketen]‹): eine der beiden Hauptrichtungen des Jainismus. Die Digambara-Mönche tragen keine Gewänder, sondern gehen stattdessen unbekleidet.

Gaṇadhāra (›Scharführer‹): Die Wanderasketen bildeten ursprünglich kleinere Gemeinschaften, von denen mehrere zu einem Gaṇa (›Schar‹) zusammengefasst wurden. Jeder Gaṇa wurde von einem *Gaṇadhāra* angeführt. Im *Kalpasūtra* wird erwähnt, dass die engsten Schüler und Vertrauten Mahāvīras dieses Amt bekleideten und später als erste jainistische Heilige verehrt wurden.

Hariṇaigameṣin: gazellenköpfiger Gott im Gefolge des Götterkönigs Śakra.

Hemacandra: Śvetāmbara-Mönch (ca. 1088 – 1172) und Autor zahlreicher bedeutender Werke des Jainismus. Zu seinen bekanntesten Werken gehört die jainistische Weltgeschichte *Triṣaṣṭiśalākāpuruṣacaritra* (›Biographien von 63 wichtigen Männern‹) und das Yogaśāstra.

Jaina (›zum Jina gehörig‹): Bezeichnung der Anhänger eines Jina.

Jambūdvīpa (›Insel des Rosenapfelbaumes‹): ein in der kosmologischen Literatur der Jainas beschriebener mythischer Kontinent, der von Menschen und Tieren bewohnt wird. Im Süden des Kontinents befindet sich das Land Bharata, das der Topographie des indischen Subkontinents ähnelt.

Jina (›Sieger‹): im alten Indien ein Ehrentitel für einen Menschen, der einen spirituellen Sieg erlangt hat. Im Jainismus werden unter dem

Begriff eine Reihe von 24 mythischen Erlösern zusammengefasst. Der Jina Mahāvīra ist der letzte in dieser Reihe und gilt als Gründer des Jainismus.

Jīva (›Seele‹): Die Befreiung der Seele vom Karma ist das höchste Erlösungsziel im Jainismus.

Kālacakra (›Zeitenrad‹): Der Verlauf der Zeit wird in den indischen Religionen mit dem Bild eines sich drehenden Rades erklärt, wobei jede volle Umdrehung als ein Weltzeitalter begriffen wird. Jedes Weltzeitalter gliedert sich in eine ›absteigende Periode‹ (*avasarpiṇī*) mit einer Verschlechterung der Lebensverhältnisse und eine ›aufsteigende Periode‹ (*utsarpiṇī*), die schließlich in ein »goldenes Zeitalter« führt.

Kalpasūtra: ein Buch des Śvetāmbara-Kanons. Das *Kalpasūtra* soll von dem Mönch Bhadrabāhu verfasst worden sein und enthält die bekannteste Version der Jina-Legende.

Karma (›Handlung‹): in den meisten indischen Religionen ein Konzept der Tatvergeltung, wobei die Handlungen des Individuums die Umstände der Wiedergeburt bestimmen. Im Jainismus wird Karma als Materia verstanden, die sich in Form karmischer Partikel der Seele anhaftet und deren Erlösung verhindert.

Kevalajñāna (›Allwissenheit‹): das oberste Ziel auf dem jainistischen Erlösungsweg und gewissermaßen die Entsprechung zur buddhistischen »Erleuchtung«.

Kuṇḍagrāma: der in der Jina-Legende überlieferte Geburtsort Mahāvīras.

Loka (›Welt‹): das von beseelten Wesen bewohnte Universum (»Weltgebäude«), das von unendlichem Raum ohne Leben (*aloka*) umgeben ist.

Loṅkā Śāh: Anführer der im 15. Jh. gegründeten Reformgemeinde Loṅkā Gaccha, aus der später die Schulen der Sthānakvāsī und Terāpanthī hervorgingen.

Madhyaloka (›Mittelwelt‹): in der jainistischen Kosmologie die scheibenförmige Welt, wo Menschen und Tiere leben. Oberhalb von Madhyaloka befinden sich die Himmel und unterhalb sind die Höllen.

Magadha: ein altindisches Königreich, das sich im 5./6. Jh. v. Chr. über das Gebiet des heutigen Bihar erstreckte. Magadha gilt als das Ursprungsgebiet von Jainismus und Buddhismus. Der jainistischen Überlieferung zufolge lebte und wirkte hier der Jina Mahāvīra.

Mahāpurāṇa (›große Erzählung aus alter Zeit‹): ein wichtiges Werk der Digambara-Literatur, das im 9. Jh. von Jinasena und Guṇabhadra verfasst wurde und die jainistische Weltgeschichte beschreibt.

Mahāvīra (›großer Held‹): Ehrentitel des Vardhamāna, der als letzter Jina des gegenwärtigen Zeitalters und als Gründer des Jainismus gilt. Er soll um 500 v. Chr. gelebt haben, ist historisch jedoch nicht nachweisbar.

Mahāvrata (›große Gelübde‹): die Mönchsgelübde.

Meru oder *Mandara:* ein mythischer Berg, der in der kosmologischen Literatur der Jainas das Zentrum der mittleren Welt (*madhyaloka*) markiert.

Mokṣa (›Befreiung‹): die im Jainismus angestrebte Erlösung der Seele.

Muni: jainistischer Mönch.

Mūrtipūjaka (›bilderverehrende [Tradition]‹): Unter dem Einfluss von Reformbewegungen, die seit dem 15. Jh. entstanden, teilten sich die jainistischen Gemeinden in bilderverehrende und bilderfeindliche Schulen.

Nirgrantha (›Besitzlose‹): In der buddhistischen Literatur sind die Nirgrantha (Pali: *niggantha*) als eine mit dem Buddha konkurrierende Asketenbewegung genannt. Ihr Anführer war Nirgrantha Jnātiputra (Pali: *nigantha nāthaputta*), bei dem es sich um Mahāvīra gehandelt haben könnte.

Pañca-parameṣṭhi (›fünf höchste Wesen‹): die Gruppe der fünf von den Jainas verehrten Personen, bestehend aus den Erlösten (*arhat*), den Vollendeten (*siddha*), den religiösen Führern (*ācārya*), den spirituellen Lehrern (*upādhyāya*) und den Asketen (*sādhu*). Die *pañca-parameṣṭhi* werden im ›Rad der Vollendeten‹ (*siddhacakra*) in Gestalt einer achtblättrigen Lotusblüte abgebildet.

Pārśva: Vorgänger des Jina Mahāvīras, der ungefähr zwei Jahrhunderte vor Mahāvīra gelebt haben soll.

Paryuṣaṇā oder *Paryuṣaṇākalpa* (›Fest der Regenzeit‹): eine der wichtigsten Feierlichkeiten im Jahreskreislauf der Śvetāmbaras, die im Zeitraum August/September begangen wird. Die Digambaras feiern etwa zur selben Zeit das ›Fest der zehn glücksverheißenden Gebote‹ (*daśalakṣanaparvan*).

Prakrit: mittelindische Sprachen.

Pūjā (›Verehrung‹): Anbetungs- oder Verehrungsritual vor den Kultbildnissen des Jina oder anderer Gottheiten.

Puṇya (›Verdienst‹): Der Vollzug vorgeschriebener Rituale oder das rechte Verhalten erzeugt religiösen Verdienst und steigert die Aussicht auf eine gleichwertige oder bessere Wiedergeburt.

Ṛṣabha: erster Jina des gegenwärtigen Zeitalters und Kulturstifter in der jainistischen Mythologie.

Sādhu [m.], *Sādhvī* [f.] (›guter [Mensch]‹): Bezeichnung für jainistische Mönche und Nonnen (der Begriff ist auch in anderen indischen Religionen üblich).

Śakra: Götterkönig, Herrscher über den Saudharma-Himmel. Im *Kalpasūtra* wird berichtet, dass Śakra den Embryo Mahāvīras durch Hariṇaigameṣin in den Leib der Fürstin Triśalā umbetten ließ, um dem künftigen Jina eine angemessene Herkunft zu verschaffen.

Saṃlekhanā (›vollständige Abstinenz‹): die extremste Form der Askese, bei der die Nahrungsaufnahme allmählich reduziert wird und der Asket durch ein »Sterbefasten« seinen Körper loslässt. Auf diese Weise soll die Seele in einem angstfreien Zustand zu ihrer nächsten Wiedergeburt gelangen, so dass der bis dahin beschrittene Weg zur Erlösung in der nächsten Existenz fortgesetzt werden kann.

Saṃsāra (›Durchwanderung‹): der Kreislauf von Geburt und Wiedergeburt.

Saṅgha (›Zusammenkunft‹): die jainistische Gemeinde, die bei den Śvetāmbaras aus den vier Gruppen (*caturvidhasaṅgha* ›vierfache Gemeinde‹) der Mönche und Nonnen sowie männlicher und weiblicher Laien besteht. Bei den Digambaras gibt es hingegen keinen Nonnenorden.

Sanskrit: eine altindische Sprache.

Siddhaloka (›Ort der Vollendeten‹): in der jainistischen Kosmologie der Ort der erlösten Seelen an der Spitze des Universums.

Siddhānta (›Lehre‹): kanonische Textsammlung der Śvetāmbaras (Śvetāmbara-Kanon).

Siddhārtha: Vater des Jina Mahāvīra.

Śrāvaka [m.], *Śrāvikā* [f.] (›Hörer‹, ›Hörerin‹): Angehörige des jainistischen Laienstandes, die von einem geistlichen Lehrer (*upādhyāya*) unterwiesen wurden und sich an die Laienregel (*śrāvakācāra*) halten.

Śrāvakācāra (›Hörerverhalten‹): die Vorschrift (»Laienregel«) über das richtige Verhalten der jainistischen Gläubigen, die als *Śravaka* (›Hörer‹) bzw. *Śrāvikā* (›Hörerin‹) bezeichnet werden.

Sthānakvāsī: eine im 17. Jh. gegründete jainistische Reformbewegung, die vermutlich aus Loṅkā Gaccha hervorging. Die Sthānakvāsī gehören zu den bilderfeindlichen (*amūrtipūjaka*) Schulen.

Śvetāmbara (›weißgekleidete [Asketen]‹): eine der beiden Hauptrichtungen des Jainismus. Die Śvetāmbara-Mönche und -Nonnen tragen weiße Gewänder.

Śvetāmbara-Terāpanthī: eine im 18. Jh. von dem Sthānakvāsī-Mönch Bhīkhanji (Ācārya Bhikṣu) gegründete bilderfeindliche (*amūrtipūjaka*) Reformbewegung.

Śvetāmbara-Kanon: die älteste Sammlung jainistischer Texte. Der Kanon besteht je nach Zählung aus 45 bis 50 jeweils in Ardhamāgadhī verfassten Büchern und wird von den Digambaras nicht anerkannt.

Tattva (›Wahrheit‹): die jainistische Philosophie geht von neun Wahrheiten aus. Die Kenntnis dieser Wahrheiten ist eine Voraussetzung für das Erlangen des rechten Wissens, das auf den Pfad der Erlösung führt.

Tattvārthasūtra oder *Tattvārthādigamasūtra:* ein Buch über das Wissen und die Lehrinhalte des Jainismus. Das Werk wurde von Umāsvāti im 4. oder 5. Jh. verfasst und wird von Śvetāmbaras und Digambaras gleichermaßen anerkannt.

Tīrtha (›Furt‹): eine Pilgerstätte oder ein heiliger Ort, wo dem Gläubigen ein spiritueller Übergang zur Erlösung ermöglicht wird.

Tīrthaṅkara (›Furtbereiter‹): ein spiritueller Lehrer, der dem Gläubigen durch seine verkündete Lehre einen Übergang (»Furt«) auf den Weg zur Erlösung weist. Im Jainismus wird der Begriff oft gleichbedeutend mit *Jina* verwendet.

Triśalā: Mutter des Jina Mahāvīra.

Umāsvāti oder *Umāsvāmin:* ein gelehrter Mönch und Autor des *Tattvārthasūtra*, der im 4. oder 5. Jh. lebte.

Upādhyāya: geistlicher Lehrer, einem Ācārya untergeordnet.

Vardhamāna (›der Gedeihende‹): Name des Jina Mahāvīra.

Yakṣa [m.] oder *Yakṣiṇī* [f.]: Naturgeister oder Gottheiten der Volksreligion, die auch von den Jainas um Reichtum und Wohlstand angerufen werden. Yakṣas finden in der älteren jainistischen Literatur Erwähnung und wurden in das Bildprogramm jainistischer Kultbildnisse integriert.

Weiterführende Literatur

Die Bibliographie erhebt keinen Anspruch auf Vollständigkeit und wurde vor allem auf solche Werke beschränkt, die dem Leser im Rahmen einer einführenden Lektüre erlauben, sich intensiver mit den einzelnen Themengebieten des Jainismus zu beschäftigen. Da viele grundlegende Arbeiten zum Jainismus im ausgehenden 19. und frühen 20. Jh. verfasst wurden, sind auch ältere Werke in die Liste aufgenommen worden.

Gesamtdarstellungen und Nachschlagewerke

Cort, John E.: Jains in the World. Religious Values and Ideology in India. Oxford [u. a.] 2001.

Deleu, Jozef: Die Mythologie des Jinismus. In: Hans Wilhelm Haussig (Hrsg.): Götter und Mythen des indischen Subkontinents. Stuttgart 1984. S. 205–284.

Dundas, Paul: The Jains. London [u. a.] [2]2002.

Glasenapp, Helmuth von: Der Jainismus. Eine indische Erlösungsreligion. Berlin 1925. (Nachdr. 1964.)

Jaini, Padmanabh S.: The Jaina Path of Purification. Berkeley (CA) 1979.

Mylius, Klaus: Wörterbuch des kanonischen Jainismus. Wiesbaden 2005.

Schubring, Walter: Die Lehre der Jainas. Nach den alten Quellen dargestellt. Berlin [u. a.] 1935. (Nachdr. 2019.)

Wiley, Kristi L.: The A to Z of Jainism. Lanham (MD) 2009.

Jina und Jina-Legende

Hemacandra, Acarya Shri: Triṣaṣṭiśalākāpuruṣacaritra, or The Lives of the Sixty-Three Illustrious Persons. Ins Engl. übers. von Helen M. Johnson. 6 Bde. Baroda (IND) 1931–62.

Jaini, Manak Chand: Life of Mahavira (Mahāvīra-caritra). Allahabad (IND) 1908.

Jacobi, Hermann (Hrsg.): The Kalpasūtra of Bhadrabāhu. Leipzig 1879. (Nachdr. 1966.)

– Jaina Sūtras. Part I: The Ācārāṅga Sūtra, the Kalpa Sūtra. Oxford 1884. (Nachdr. 2002.)

Jain, Kailash Chand: Lord Mahāvīra and his Times. Delhi 1974.

Krüger, Patrick: Vom Kultbild zum Stifterkult. Wie Bilder zur Konstruktion religiöser Stifterfiguren beitragen. In: Psychosozial 160 (2020) S. 16–30.

Mette, Adelheid: Die Erlösungslehre der Jaina. Legenden, Parabeln, Erzählungen. Berlin 2010.

Verclas, Katrin: Die Āvaśyaka-Erzählungen über die Upasargas des Mahāvīra im Vergleich mit den Versuchungen des Bodhisattva in der buddhistischen Literatur. Hamburg 1978.

Geschichte

Flügel, Peter: Protestantische und post-protestantische Jaina-Reformbewegungen. Zur Geschichte und Organisation der Sthānakavāsī I–IV. In: Berliner Indologische Studien 13/14 (2000) S. 37–103; 15/17 (2003) S. 149–240; 18 (2007) S. 127–206; 20 (2012) S. 37–124.

Jain, Jagdish Chandra: Life in Ancient India as Depicted in Jaina Canon and Commentaries. An Administrative, Economic, Social and Geographical Survey of Ancient India Based on the Jain Canon. Bombay 1947. (Nachdr. 1984.)

Jain, Jyoti Prasad: The Jaina Sources of the History of Ancient India. 100 B. C. – A. D. 900. Delhi 1964.

Jain, Kailash Chand: History of Jainism. 3 Bde. Bd. 1: Jainism Before and in the Age of Mahāvīra. Bd. 2: Historical Survey and Spread of Jainism. Bd. 3: Medieval Jainism. New Delhi 2010.

Jain, Shalin: Identity, Community and State. The Jains Under the Mughals. Delhi 2017.

Saletore, Bhasker Anand: Mediaeval Jainism. With Special Reference to the Vijayanagara Empire. Bombay 1938.

Shah, Chimanlal J.: Jainism in North India. 800 B. C. – A. D. 526. London [u. a.] 1932. (Nachdr. 2007.)

Literaturgeschichte

Balbir, Nalini: Āvaśyaka-Studien. Bd. 1: Introduction générale et traductions. Stuttgart 1993.

Chanchreek, Kanhaiyalal / Jain, Mahesh K. (Hrsg.): Jain Agamas. An Introduction to Canonical Literature. New Delhi 2004.

Deleu, Jozef: Viyāhapaṇṇatti (Bhagavai). The Fifth Anga of the Jaina Canon. Introduction, Critical Analysis, Commentary and Indexes. Brügge 1970.

Jain, Jagdish Chandra: History and Development of Prakrit Literature. New Delhi 2004.

Kapadia, Hiralal Rasikdas: A History of the Canonical Literature of the Jainas. Ahmedabad 2010.

Kulkarni, Vaman Mahadeo: Studies in Jain Literature. Ahmedabad (IND) 2001.

Leumann, Ernst: Übersicht über die Avasyaka-Literatur. Aus dem Nachlaß hrsg. von Walther Schubring. Hamburg 1934.

Mylius, Klaus: Geschichte der altindischen Literatur. Die 3000jährige Entwicklung der religiös-philosophischen, belletristischen und wissenschaftlichen Literatur Indiens von den Veden bis zur Etablierung des Islam. Wiesbaden ²2003.

Weber, Albrecht: Ueber die heiligen Schriften der Jaina. In: Indische Studien. Beiträge für die Kunde des indischen Alterthums 16 (1883) S. 211–479; 17 (1885) S. 1–90.

Philosophie und Kosmologie

Jain, Parveen: An Introduction to Jain Philosophy. New Delhi 2019.

Kirfel, Willibald: Die Kosmographie der Inder. Nach den Quellen dargestellt. Bonn/Leipzig 1920. (Nachdr. 1990.)

Shastri, Indra Chandra: Jaina Epistemology. Varanasi (IND) 1990.

Van den Bossche, Frank (Hrsg.): Elements of Jaina Geography. The Jambūdvīpasaṃgrahaṇī of Haribhadra Sūri. Delhi 2007.

Religion und religiöse Praxis

Babb, Lawrence A.: Absent Lord. Ascetics and Kings in a Jain Ritual Culture. Berkeley (CA) [u. a.] 1996.

Flügel, Peter: Askese und Devotion. Das rituelle System der Terāpanth Śvetāmbara Jaina. 2 Bde. Dettelbach 2018.

Gough, Ellen: Making a Mantra. Tantric Ritual and Renunciation on the Jain Path to Liberation. Chicago 2021.

Laidlaw, James: Riches and Renunciation. Religion, Economy, and Society among the Jains. Oxford 1995.

Luithle-Hardenberg, Andrea: Die Reise zum Ursprung. Die Pilgerschaft der Shvetambara-Jaina zum Berg Shatrunjaya in Gujarat, Indien. München 2011.

Williams, Robert: Jaina Yoga. A Survey of the Mediaeval Śrāvakācāras. London [u. a.] 1963.

Kunst und Symbolik

Bhattacharya, Brindavan Chandru: The Jaina Iconography. Second revised edition. Delhi 1974.

Bruhn, Klaus: The Identification of Jina Images. In: Berliner Indologische Studien 1 (1985) S. 149–175.

– The Grammar of Jina Iconography I–II. In: Berliner Indologische Studien 8 (1995) S. 229–283; 13/14 (2000) S. 273–337.

Ghosh, Amalananda: Jaina Art and Architecture. 3 Bde. New Delhi 1974–75.

Hegewald, Julia A. B.: Jaina Temple Architecture in India. The Development of a Distinct Language in Space and Ritual. Berlin 2009.

Jain, Jyotindra / Fischer, Eberhard: Jaina Iconography. 2 Bde. Bd. 1. The Tīrthaṅkara in Jaina Scriptures, Art and Rituals. Bd. 2. Objects of Meditation and the Pantheon. Leiden 1978.

Kirfel, Willibald: Symbolik des Hinduismus und des Jinismus. Stuttgart 1959.

Krüger, Patrick: Andeuten und Beschränken. Das Jinabild als Beispiel visueller Reduktion. In Hans Günter Golinski / Martin Radermacher

(Hrsg.): Bild Macht Religion. Kunst zwischen Verehrung, Verbot und Vernichtung. Bochum 2019. S. 84–89.
– Miniaturen mittelalterlicher Kalpasūtra-Handschriften. Eine ikonographische Betrachtung mit kultur- und religionsgeschichtlichen Anmerkungen. Wiesbaden 2020.
Moeller, Volker: Symbolik des Hinduismus und des Jainismus. Tafelband. Stuttgart 1974.
Owen, Lisa N.: Carving Devotion in the Jain Caves at Ellora. Leiden [u. a.] 2012.

Abbildungsnachweis

15 Jina, Indien, Süd-Rajasthan oder Nord-Gujarat, 14. Jh., Marmor, Museum Rietberg, Geschenk Eduard von der Heydt, Inv.-Nr. RVI 306 – © Museum Rietberg, Zürich, Foto: Rainer Wolfsberger
101 Querschnitt des jainistischen Kosmos
102 Der Kosmos in Gestalt eines Menschen, Westindien, ca. 1750–1800, Sammlung Habighorst, Inv.-Nr. 68191 – © Rautenstrauch-Joest-Museum, Köln
108 Der Kontinent Jambūdvīpa, Westindien, ca. 1750–1800, Sammlung Habighorst, Inv.-Nr. 62337 – © Rautenstrauch-Joest-Museum, Köln
111 Symbol der Jainas – Wikimedia Commons / Etiennekd (Symbol) bzw. Mpanchratan/Chainwit (Schrift darunter) / CC-BY-SA 3.0
149 Siddhacakra, Indien, Rajasthan, 2. Hälfte 18. Jh., Malerei auf Papier, Kupferschale und Glas, Museum Rietberg, Geschenk Eberhard und Barbara Fischer, Inv.-Nr. RVI 916 – © Museum Rietberg, Zürich, Foto: Rainer Wolfsberger
150 Jina-Bildnisse in einem Tempel – Foto: © Eberhard Fischer
153 Verehrungszeremonie – Foto: © Sailes Jain
159 Tempelanlage von Ranakpur – Foto: © Eberhard Fischer
189 [Bronzealtar eines Jina bzw.] Sambhava, Indien, 15. Jh., Kupferlegierung, Museum Rietberg, Ankauf mit Mitteln des Rietberg-Kreises, Inv.-Nr. 2016.56 – © Museum Rietberg, Zürich, Foto: Rainer Wolfsberger
197 Mahāvīras Geburt, Indien, Gujarat, um 1600, Pigmentmalerei auf Papier, Museum Rietberg, Ankauf mit Mitteln der Stadt Zürich, Inv.-Nr. RVI 818.23 – © Museum Rietberg, Zürich, Foto: Rainer Wolfsberger
199 Buchdeckelmit den Traumbildern und den Glückszeichen, Indien, 19. Jh., Holz, Museum Rietberg, Sammlung Leander Feiler, Inv.-Nr. 2021.40 – © Museum Rietberg, Zürich, Foto: Rainer Wolfsberger
202 Folio aus einem Kalpasutra-Manuskript, Indien, Gujarat, um

1600, Pigmentmalerei auf Papier, Museum Rietberg, Ankauf mit Mitteln der Stadt Zürich, Inv.-Nr. RVI 818.10 – © Museum Rietberg, Zürich, Foto: Rainer Wolfsberger

206 Tempelhalle – Foto: © Sailes Jain